U0144546

讓孔夫子也感動的

# 幾何緣三角情

呂大朋著

文學叢刊
文史哲出版社印行

國家圖書館出版品預行編目資料

幾何緣三角情 / 呂大朋著. -- 初版. -- 臺北市：文史哲，民 87
面： 公分. --（文學叢刊；82）
ISBN 957-549-174-2(平裝)

857.7　　87014763

文學叢刊 ㉜

讓孔夫子也感動的

# 幾何緣三角情

著　者：呂　大　朋
出版者：文史哲出版社
登記證字號：行政院新聞局版臺業字五三三七號
發行人：彭　正　雄
發行所：文史哲出版社
印刷者：文史哲出版社
臺北市羅斯福路一段七十二巷四號
郵政劃撥帳號：一六一八〇一七五
電話 886-2-23511028・傳眞 886-2-23965656

實價新臺幣三八〇元

中華民國八十七年十二月初版



ISBN 957-549-174-2

# 自序

人生不能沒有愛情。因此，對成年人而言，說愛情即人生嘛、也通。自古言情故事寫不盡，抒情詞賦吟不完，還有那賺人眼淚的戲、曲，世世代代廣為流傳。

叨自由開放之賜；封建餘緒早已斬斷，但是，愛情的盲點反而更多！今日社會，沒有人會說不要愛情，也沒有人承認不懂愛情。然而，一旦面對愛情，又覺得愛情真是難以琢磨。

心理學家形容愛情是兩性相吸、兩情相悅的磁感效應。的確，當愛情發生時，戀人間情愫的互動，真有所謂「來電」的感覺。但，戀愛畢究不是只求短暫的滿足，而是希望一生一世的恒久。

在愛的路上，有的一帆風順，也可能「好事多磨」。儘管人們喜讀纏綿悱惻的故事；愛看廻腸盪氣的劇情，卻沒有人嚮往梁山伯與祝英台式的悲情結局。

本書的故事，有恩怨情仇的糾葛，有恩義情愁的詭譎，有人性美醜的刻畫，也有感性與理性的掙扎。

然而，良知與智慧，終於突破心靈的樊籬，降服了愚昧與邪惡。而文傑的「曲線策曲」固為一絕，春蘭的「執中從權」尤見高桿。至於，式資與秋菊對「初夜權」的堅持，那純粹是他倆的自我期許，絕非今日社會公認的指標。

更堪著墨的是這一故事的三角戀情，過程雖然曲折迷離，但結局正如詩曰，「山窮水盡疑無路，柳暗花明又一村」。因此，著者堅信，即使孔夫子再世，對故事中男女主角的淑人君子風範，也會深為激賞，而他們的愛情觀與價值觀，更有沁人肺腑的啓發作用。

聰明的讀者，你認為呢？

讓孔夫子也感動的

# 幾何緣三角情

## 目次

# 幾何緣三角情

## 第一章　夢迴情人橋

週末中午十二時整，各樓播音器放送「快樂天使」國樂演奏曲，大辦公室隨即一片騷動。女職員動作快，收拾起桌上的文具、資料，拎著皮包嘻嘻哈哈走向電梯。有家的怕塞車，理所當然地分秒必爭。寄居蟹族第一個念頭，就是先填飽肚子再說。這些人也是爭吃恐後趕搭電梯，不過，他們是直下B1福利餐廳。

都會區每座自用辦公大樓，週末下班時都是這般情景。我們FS公司，是FL企業集團的龍頭，總公司員工超過一千人，自然也不例外。只是員工的素質整齊，職場倫理和禮貌教育已經紮根。因此，喧嘩推擠的情形絕對沒有。

我的動作向來慢半拍，況且，身為科級主管，總不能為了搶先，就和員工一起衝。好在週末停伙的人多，B1不像平日，人分兩路還大排長龍。

公司的規矩，部級主管在雅苑餐室用膳。科長以下，包括襄理、科長、副科長、工程師、專員、股長、技工、辦事員、雇員、服務生（工友）等，都在自助式大餐廳用膳。若是平日，光是排隊就要耗去很多時間。此刻，我下到B1，每列只有二十多人，有人靜靜地亦步亦趨的向前移動，也有人在腳步移動中，互相交換休閒活動的資訊。

我加入右列的臀尾，腦際依然在籌思人事革新方案。幾位非人事室的職員，發覺我排在他們後面，不約而同地向前禮讓，我笑著拒絕享受特權，但對這些年輕同事的真情流露，倒是感受良深。雖然，到職未及一年，眼見我所主導的「職場新文化」，已經開花結果，自然倍感欣慰。我之所以捨高薪而選擇這家公司，就是鑑於FL集團的總裁，具有前瞻的眼光、開創的氣魄和切合社會脈動的經營理念。

心有旁騖，就容易忽略周遭的動靜。這時，忽覺有人在我背後不規矩。猛一回頭，原來是電腦室的程式設計師李春蘭。她故意在我腰際輕捏一下，大概是想試試我腰部神經的敏感度吧！

「陳科座，對不起，我打斷了妳的思維。」她瞇著眼得意地說：「人家都說怕癢的人心軟，妳果真好敏感吔！」

「別逗了，我們這兒也不是機關衙門，幹嘛座呀座的，實在很刺耳！」我覺得她已叫成習慣了，不得不予糾正。

「好了，好了，怕恭維反倒官腔十足，以後就改稱陳科長或秋菊姐就是了！」

我笑著瞅了她一眼，意思是：已是二十四、五的大女生，還那麼一臉調皮相！

「喂，秋菊姐，下午妳計劃做什麼？」

「睡覺！」

「哈，好奇怪，大好的週末，居然要把它睡掉!?」

「無聊嘛！」

「無聊就睡覺，睡起來更無聊。」

「那妳呢？」

「我？」

「是啊，妳週末想做什麼？」

說到這裡，已經到了取餐盤的位置，我順手拿了兩個餐盤，分給春蘭一個。廚師依照我們的意思，各配了三樣菜，我倆又各取一碗湯，挖了適量的白飯，選擇位於角落的一張長桌，對角坐定就邊吃又邊談起來。

「女人三十不再尋夢；男人四十取向已定。」春蘭像是有感而發，但這兩句話出自何處，我聽了似乎有點耳熟又覺得很新鮮。

「這話出自何處？」我忍不住要問。

「『菜根人生』第二〇四篇。怎麼，我送妳的書，妳根本沒看？」

「哦，我還沒讀到二〇四篇。那本書的確有如菜根，開始淡淡的，越嚼越覺唇齒生香、回味無窮。」我也有感地說：「如果每年中秋節，老闆能送每人兩本好書，實在勝過一成不變的月餅禮盒。」

「博士講出來的話，就是與眾不同，假如都能這樣想，我們就離書香社會不遠了。」

「又來了，妳這張利嘴如果想征服男人，肯定無往不利。」

「好了，說正經的吧，我這裡有份頗具吸引力的資訊，也要和秋菊姐分享。」說著春蘭從手提包中，取出一份資料，攤在我的面前。

「情人橋快訊」，是份舉辦適婚及二春交誼活動的簡介。封面是天然拱橋的攝影畫面，橋上有對情侶，一副你儂我儂的模樣。橋的上方，還有兩則小詩，詩曰：

橋

情人橋

爲有情人搭橋

未必條件不好

莫歎良人難找

過去

韶光催人老

只因少個情人橋

橋

情人橋
這是有情人的橋
幸福伴侶那裡找
休怪緣份未來到
如今
只要踏上情人橋
姻緣紅線把你繞

「怎樣，很有吸引力吧？」春蘭可能認為我有些心動。

的確，我是深深地被那小詩所吸引，但卻並未因此而怦然心動。我說：「詩情畫意趣味盈然，只是多少透著生意經，臺北市吃這行飯的人可不少呢！」

「才不呢，這不是一般的婚友會。」春蘭正經八百地解釋說：「主持這項活動的人，是三十出頭的方小姐，大家都以方姐稱呼她，人家任職於某研究機構，才不需要藉辦活動來賺外快呢！」

「難道參加的人全都免費？」

「那也不是，活動費照實收繳，有些固定的開支，如義工的餐費，資料印刷費等，還都是方姐自掏腰包。」

「那她的動機是什麼？」

「行善啊，關懷社會難道不是美事一樁？」

「或許她是搭橋渡眾，也順便渡己。」我以玩笑的口氣說：「有好的，自己先留起來！」

「妳的想像力也太豐富了吧！其實她是個快樂的天使，一般男人根本就沒有勇氣追求她。」

「妳怎麼那麼清楚，是不是老早就成為情人橋的會員了？」

「我只參加過一次活動，都是聽別人說的。」

「好，我跟妳去見識見識，是今天下午吧？」

「對！下午五時，凱歌飯店夜總會，妳不妨先去洗個頭，然後打扮打扮，四點半我開車接妳。」

「OK，一言為定！」

「一言為定！」

午後四時，春蘭就來到「寒舍」，說是寒舍，並不是簡陋的意思，而是孤孤單單、冷冷清清。

其實，我住的是一幢新廈，樓高八層，雙併格局，二樓以上每層兩個居住單位，也可說是二户，每户室內面積六十坪，是媽咪賣了彰化八卦山下的一塊山坡地，除了在彰化市郊蓋了一棟別墅，又買下現址的老舊宅第。三年前委託姑丈代表出面，與建築公司簽約合建，去年竣工後，我們分得兩間店面，歸媽咪所有，另七層住宅，我們分得三層，媽咪把第六層二戶給了我，弟弟文傑擁有第七層，第八層則留給羈居天津，一直未能回來的外公和舅舅，目前登記在媽咪名下，連同文傑名下的兩戶均已出租，出租所得存入專戶，將來如何支配，媽咪自有盤計，我這女兒不便也不必多慮。不過，媽咪於閒談時透露，將提出幾成設立孝悌楷模清寒獎學金，以回饋社會，鼓勵青少年孝敬父母、友愛兄弟。至於媽咪能擁有八卦山下那片山坡地，據文傑說，是爸爸送給媽咪的。當初購入那塊貧脊土地，是登記在媽咪名下，爸爸另結新歡並提出離婚要求時，就自動放棄那塊土地的所有權。想不到拜經濟繁榮之賜，竟成為別墅群的新地標。所以，媽咪認為是社會的力量，才使我們成為小小的暴發戶，理所當然地要回饋社會。

民國八十二年我自美國學成歸來，只做了別人三個月的房客就遷入新居。說起來既興奮又慚愧，這種不勞而獲，在別人看來是幸運，但在我卻是永遠的精神負債。我要感激的人太多，卻不知什麼時候和怎麼樣回報。

春蘭看著我梳理打扮，又嘖嘖讚美我的起居室，別具匠心的設計和佈置。

「妳喜歡嗎？每個房間的佈置都不同，歡迎妳來與我同住。」我誠懇地希望她作正面的回應。

「我才不呢！」

「為什麼，難道妳租的房子，會比這裡好？」

「那倒不是，而是我不夠資格住這樣的房子。」

「妳放心，我不會收妳房租的。」

「那我更不會來。」

「這又是什麼道理？」

「很簡單，累積下去，這人情債會比租金的壓力還沉重。」

「哦，那就收妳一千元，等於幫我支付水電費，怎麼樣？」

「一千元!?」

「是不是多了些？」

「不，太少了，少得離譜！」

「妳這人倒蠻有個性，那究竟怎樣才符合妳的心意？」

「五千元！」

「我懂了，妳現在每月支付的房租是五千，對不？」

「正是！」

「好吧，就照妳的意思，星期天我幫妳搬家，就住我隔壁的套房。」

「什嘛，主臥室不就是這間嗎？」春蘭奇怪地問：「怎麼還會有套房？」

「是啊，三間臥室，每間都是套房，好奇怪是吧？」

「哦，那我月底搬好了。」

「為什麼要拖到月底？」

「這個月的租金已經付了，早搬，房東也不會退錢。」

「別那麼會算計，妳總得給人家一點時間，好另外招租。」說到這裡，我恍然若有所悟，忙說：「傻瓜，我不會收妳這個月的租金的。」

春蘭沒有再吭聲，腆默了好一會兒，終於說：

「恭敬不如從命，我接受秋菊姐的好意！」

「其實，妳不用客氣，這是我媽的意思，她希望我能找位好同事來做伴。」我開心地說：「再說妳這個開心果，會還給我帶來歡笑呢。」

春蘭眨著大眼睛，或許視線觸及牆上的電子掛鐘，忽然神經兮兮地說：

「喲，四點半了，我們該出發了呀！」

我聞言帶上耳環，二話不說，就拎著包皮跟著春蘭匆匆下樓。

凱歌飯店夜總會，舞廳附設卡拉ＯＫ咖啡座，設備一流、服務週到，一向車水馬龍、生意鼎盛。這次「情人橋」交誼活動，能夠把咖啡座全部包下來，足見主其事者面子夠大。

五時不到，參加的人就已陸續擁向服務台，繳了活動費，領取識別證，然後每個人都喜嗞嗞地自走進大廳。主持人方小姐，一身翠綠套裝，氣質高雅非凡，站在入口內側，和與會者一一握手，並以清脆悅耳的聲音連聲「歡迎，歡迎！」

我和春蘭被義工引導到一個四人座的位置落坐，先到的兩位男士向我們點頭致意。春蘭說：

「卡拉ＯＫ餐廳隔壁就是舞場，跳早場的客人，中午十一點半，就可以過來吃快餐、唱卡拉ＯＫ，下午二時以前只收餐費。」

「平時，收費多少？」

「最低消費額兩百五十元，還附贈一杯飲料。」

「很便宜嘛，那兩點以後怎麼算？」

「不清楚，不妨問問服務生。」

「妳不是說，這裡也可以跳舞嗎？」

「是啊，妳看那演唱台的前面是個小舞池，有人上台唱歌，腳癢的人，就可邀伴下去擦地板。」

「今天，會餐之後，有些什麼活動？」

「先是自由交談，然後變換座位。可能還會安排摸彩、表演、拋繡球等趣味活動。」

春蘭湊近我的耳朵說：「有些人不喜歡這套庸俗的活動，就會提前溜到舞場那邊去。」

「妳怎麼這麼清楚？」

「不是告訴了妳，已參加過一次。所以，才有資訊提供給妳呀！」

我沉默片刻，心想，「情人橋」也者不過爾爾。

「妳知道嗎？這橋的作用，主要是讓渴望友誼和愛情的人，顯現自己的屬性。」

「什麼叫屬性？」

「就是讓人分辨出那些人是追求一春，那些人要做二度梅。」

「有沒有更具體的服務？」

「有，譬如要瞭解某人的基本資料，或不敢直接試探中意的對象是否也願交往，就可拜託方姐或義工代為傳話。」

我點點頭表示已有概念，但偶一留神，發覺兩位男士；正在傾聽我們的談話，不由得兩頰燒熱起來。

這時，一位義工小姐擊掌三聲，示意大家安靜，隨即宣佈說，方姐要向會友講話。方小姐從容地走上演唱台，拿起麥克風，不疾不徐地說：

「人生有兩種飢渴，缺少麵包和水，是第一類飢渴；少了友誼和愛情，是第二類飢渴。我們的社會，第一類飢渴已成歷史，第二類飢渴卻普遍存在。

「究其原因，不止是心理層面，也涉及到文化層面。古時，鄰村雞犬與聞，老死不相往來。上一代的人還覺得不可思議。如今，都會區的人，同住一層樓，朝夕碰面的鄰居視同陌路，一點也不稀奇。因此，工業社會人際關係的發展，社團扮演了重要的角色。

「情人橋就是姻緣橋，也是友誼橋。它的基本宗旨，就是幫助第二類飢渴的朋友，在感情生活和友誼的道路上，不再是跛腳鴨和孤獨俠。」

眾皆忍俊不住、笑聲盈庭，她為了壓制雜音，乃以高亢的語調說：

「既然同是天下孤單寂寞人，相逢何必曾相識？來到這裡就該放鬆心情，能歌盡情的唱；善舞就豪放的跳。兩者自認皆拙，又何妨藉喁喁娓娓，來個心靈交流？套句青澀少年的口頭語，來電的感覺真好！」

又是一陣哄笑。方姐似乎越講越帶勁兒：

「孔老夫子說，泛愛之謂仁。我們這個社會，最需要有較多的傻人，不為沽釣、不牟私利而肯為廣大人群，散放光和熱。我個人並非完全沒有私心，但只要看到失落的朋友，重新燃起希望，進而重建愛巢，就有感同身受的快慰。借句商業術語，這就是實質的投資報償！

「國父曾說，國家之治亂繫於社會之隆污；社會之隆污繫於人心之振靡。這段話無異有著修齊治平的啓示。

「家是社會的基礎，修身是齊家的根本，而婚姻美滿，則是家庭幸福的關鍵。所以，就點來看，婚姻美滿、家庭幸福是個人心理建設的安全瓣；從面來說，每個家庭都能幸福快樂，社會自然一片祥和，國家就會長治久安。可見婚姻為個人的終身大事，而婚姻一旦成為社會問題，則對整個社會、國家，必然產生一定程度的質變！

「我所帶動的『情人橋』活動，明白地說，不僅為適婚男女牽紅線，也為追求第二春的朋友搭鵲橋。但，友誼、愛情歸依一個『緣』字，正是所謂有緣千里來相會；無緣對面不相逢。是朋友緣莫強求婚姻，即使兩情相悅，還要真誠相對。西風東漸的一杯水主義，我認為這也不構成道德問題，但必須是兩廂情願，無怨無悔，而且不傷害到第三者，這就是現代君子淑女的基本準則。否則，很可能造成感情所傷、心理創痛或二度傷害。不僅為社會道德所不容，也將是『情人橋』永久拒絕的往來戶。」

……………………

除了掌聲，會場鴉雀無聲，大家顯然被方姐最後的警語震住了。

餐廳供應的快餐上桌，方姐宣佈大家輕鬆用餐、自由交談，卡拉OK也同時進行。

控制室小姐播報說：

「第一桌林小姐、周小姐選唱『相逢在偶然』，請上台。」

大家注視著兩位妙齡女郎，羞羞怯怯地走上演唱台，各桌同時進入互相介紹、自由交談的程序。我拿著刀叉對春蘭說：

「這位方姐的確不簡單，她的一番開場白，有如醍醐灌頂，想必能起點警惕作用。」

「喔，有人讚美她，是個冷面熱心的安琪兒。」

「在男士們眼裡，應該是只能欣賞，不能攀折的玫瑰吧！」

「對也不對，女人太冷艷和太醜陋，都會嚇跑男人，她其實蠻中性。」

春蘭對面的男士張先生插嘴說：

「的確，她不冷，但在場的人，恐怕沒有人敢試著追求她。」

「有句名言，平凡的人擁抱完美的人，也是一種痛苦！我寧願選擇一個平凡的對象。」另外那位洪先生說。

「你們兩位，對方小姐瞭解多少？」我問道：「她真的是令女人嫉妬、男人退縮的那種人嗎？」

「據說，她有兩個同父異母的姐姐，時常到臺北來看她，卻從不請她到夫家作客。」張先生說：「原因是兩位姐姐，都怕自己的丈夫，抗拒不了這位小姨子的魅力。」

我們都笑了，但我對方姐兩位姐姐的心態，很不以為然。本來嘛，美麗本身不是罪惡，漂亮的女人，不一定都是禍水，正如醜陋的女人，也不乏蛇蝎心腸。同樣地，男人何嘗不是如此！像方姐這麼熱心公益的人，我願衷心祝福她善有善報、天賜良緣。

掌聲又起，我們這一桌，也如響斯應地鼓起掌來。林、周兩位小姐，從演唱台下來，一路連聲「謝謝」，可是她倆唱得如何，我倆根本就沒聽進耳朵。

前奏又開始了，這是探戈舞曲伴奏的「我真的不想去明瞭」。我正端起咖啡杯子，一位男士翩然蒞止：

「我能請您跳支探戈嗎？」那男士很有禮貌地說。

我抬頭一看，不覺大吃一驚，就像無數小鹿衝撞著我地心扉，手上的杯子差點兒就掉落地上。

「猶豫什麼？平時在公司裡的社交舞研習，數妳跳得最好，今天正好露一手嘛。」春蘭一旁慫恿說。

「如果我沒有認錯，您該是陳小姐！」那男士自我介紹說：「我叫劉式資，還有印象嗎？」

我當然認得他是誰，可是我一語不發，緩緩地站了起來，跟他進入舞池。踏著優美的節奏翩翩起舞，本應是愉悅的、興奮的，但我只感到心情緊繃，腦子裡儘浮現些陳年往事，一不留神踩了舞伴的腳！

「對不起，我是第一次和陌生人跳舞，心裏不免有點緊張。」我踩了他，還故意氣他，目的在使他受窘。

「陌生人，難道我們真的素不相識？」

「不，我的意思是說，除了舞蹈老師，我跟你是第一次。」我又不忍使他太難堪，就如此解釋說。

「這麼說，您還是認識我？」他隨即補充一句說：「我的意思是您還記得我，對吧？」

我沒有回答，在閃爍的燈光下，我仍然看得出他的臉龐有些扭曲。先是期待，繼則失望，跟著舞步也亂了。他努力保持鎮定，用心帶完一個花步，說：

「我相信您不會健忘，雖然，我不值得您浪費郵資！」

曙光。

「聽你的話，好像曾經給我寫過信？」我的心扉敞開一絲縫隙，倏忽間透進一道

「不是嗎？我寫過好幾封信，最後一次還是掛號寄出的。」他把我甩出去，又拉了回來，一個反時鐘的旋轉，整個人進入他的臂窩，他趁勢貼著我的耳鬢，加重語氣說：「可是仍如石沉大海，沒有一點迴響！」

至此，我才明白是我一直誤會了他，認為他是一個到處留情的傢伙。事隔六年才知道，他曾經寫了好多封信給我，而我卻一封也沒收到！

難道郵差真的「總是按錯鈴」？還是他寫錯了地址？大概都不是？否則，他會說信都退回去了。顯然，這中間有人搞鬼，但此刻我想要說的，仍是我心裡的委曲。

「劉先生，你冤枉我了，我也誤會了你，約個時間好好談談可以嗎？」

他點點頭，欣然答道：

「好極了！」

這時，恰好一曲又罷，兩個人的腳，也不自覺地停了下來。但他仍然緊握著我的雙手，像久別重逢似地凝睇著我。

「你握疼了我的手！」我既羞又窘地說。

「噢，對不起！別忘了待會兒把電話號碼寫給我。」

我欣然點頭，隨即各自回到原位。

春蘭從鄰座走回來，湊到我耳邊說：

「妳知道嗎？鄰座的人都說你們很像久別重逢的情侶。」

「妳覺得呢？」我故示鎮定地說。

「我？」

「是啊，妳呢？」

「我看出你們中間曾有很深的誤會。」

春蘭這個電腦專家的眼睛可真夠尖，我聞言不覺為之語塞。她忙說：

「我知道妳的心情起伏很大，但我相信他不是個紈褲子弟，不要輕意放棄。」

我撕了一片小紙條，寫上電話號碼，塞在春蘭手裡，春蘭會意，馬上取筆加註我的名字，然後很技巧地給了劉式資。

「妳不寫我名字，他也會記得的。」我覺得春蘭過於細心。所以，笑她多此一舉。

「妳這個傻大姐，難道妳看不出劉先生有點憨嗎？萬一他腦筋不會轉彎，說不定妳會等不到他的電話。」

「妳的確比我精明，而且，心腸又好，我真該大方地把他讓給妳。」

她習慣地在我敏感地部位掐了一下，噘著小嘴說：

「好，這是妳說的，可別後悔喲！」

雖然是開玩笑，我心裡明白，春蘭多少有幾分羨妒。她見我未再說話，故作思索狀，隨後瞪著大眼睛說：

「說真的，你們倆很相配，如果曾經有什麼誤會，我猜必定卡在靈犀不通，而那障礙還是第三者設下的！」

我笑而不答，故意不使她得意。但心裡卻不由得十分佩服她的判斷力。的確，就在我和劉式資六年誤會倏然冰釋的那一刻，我的腦際浮現了一個妖嬌善妬的面孔。對，就是她，一個自己得不到的，也絕不成全別人的女人！

又一次歌唱結束了，我正隨和著大家給歌者肯定地掌聲，劉式資走了過來，他說：

「妳們這邊的男士都溜了，我過來好不好？」

我點點頭，春蘭則說：

「好啊，歡迎還來不及呢！」

劉式資甫坐定，擴音器播出：

「『想你想斷腸』。這是陳秋菊和李春蘭小姐選的，請上台！」

春蘭似乎有意製造氣氛，走到劉式資面前說：

「我喉嚨發炎，你代我去唱可以嗎？」她見劉式資有些猶豫，就又習慣地捏我一下。我只好說：

「劉先生，我有點兒怯場，來，我們兩個一起唱。」

劉式資這才在全場熱烈掌聲的激勵之下，和我一起上台。我取下兩支麥克風，分給他一支。這時，前奏響起，小舞池已有兩對聞樂起舞。

攝影機活動燈光，正強烈地投射在我倆臉上，旁邊和對面的大銀幕，都出現了我倆的特寫鏡頭。我感覺到所有的人，都把目光集中在台上，心裡有些緊張，劉式資的臉龐也顯得分外紅潤了。

「柳絲長，情意也長，想你想斷腸。」隨著前奏的尾聲，我唱了第一段。卻見劉式資不曾張口，就示意也接唱第二段。

「淚汪汪，心也茫茫，你到底在何方？」他的音域渾厚而富有磁性，令我大感意外。

「莫非你已把我遺忘。」我唱。

「不再回我身旁！」他唱完這一句，我又示意二人合唱最後一段。

「願你快把情意來傳，莫讓我想你想斷腸。」沒料到剛柔調和更加有味。第一節唱罷，台下掌聲雷鳴。我既興奮又感動，連說「謝謝！」

劉式資湊攏過來低聲說：

「看，這是對妳真誠的讚美和肯定！」

「不，是對我們兩個。」

「謝謝，我是沾了妳的光！」他朝我笑瞇瞇地說。那神態真教人迷醉。當四目相接時，簡直就像通了電流，使我這冰封了六年的心，霎時間完全溶解！

間奏中，台下仍舞影婆娑，他們是陶醉在另一個境界裡。

接著，我倆唱完了第二節，在喝采聲中鞠躬下台。春蘭迎著我倆，大聲叫「讚」！

樂聲又起，一位中年男士從廳外進來，匆匆走向方姐，點頭哈腰抱歉不迭。方姐說：

「你該不是貴人多忘事吧？不管怎樣，罰你來段迷你演說。」她請控制室，暫停播放音樂，隨即當眾介紹說：「這位是海內知名的自由作家，他擁有幾個筆名，我則習慣以魯愚稱呼他。其實他的「愚」，是孔夫所說，『愚不可及』的那種『愚』。而且，原籍山東，是名符其實的『魯』男子。」所以，他肯接受邀請，是我們大家的榮幸。現在，就請他給我們說幾句愛情箴言，好不好？」

「好，好極了！」全場熱烈迴應。

於是，魯愚先生接過麥克風，就在台下即興地說：

「人不能無情，但情有親情、友情等之分，唯有愛情最難琢磨，也最難詮釋。

「言情小說讀不盡；抒情歌曲唱不完。就是真實的愛情搞不懂。

「大家都知道，勤奮工作就有麵包；努力上進就能發達。一旦觸及愛情，就會感覺盲點多多。

「人生路上，有康莊必有坎坷。要成功就得勇敢面對挫折；既期待就不可怕傷害。畢究歲月無情、人生幾何？

「有人說，失去愛情的男人，如同洩了氣的皮球；得不到愛情的女人，更像沾不到露水的玫瑰。不管你是否同意這些比喻，事實上，愛情無疑是各位共同的飢渴！

「現代女強人，有誰能超越佘契爾夫人？她曾做過十一年英國首相，但，當年仍在首相任內的她，卻說，只有她丈夫的臂窩，能夠給她取之不竭、用之不盡的能量！

「父子情、母女情和手足情，均難取代牽手情。明朝吏部尚書郭朴有句名言，行者常至；為者常成。奉勸在座的朋友們，『一春』要及時抓著，『二春』也不可輕言放棄。

「好花堪折直須折；莫待無花空折枝。這兩句詩，代表我對適婚朋友的期勉。曾入寶山空手回，情人橋上凱歌歸。這兩句話嘛，是我對追求第二春的朋友，由衷的祝福！」

講罷，有人報以掌聲，有人激動得舉起飲料杯，高叫「向魯愚先生致敬！」一陣交頭接耳、嘰嘰喳喳之後，卡拉**OK**恢復演唱。不少舞林高手，禁不住腳癢，就邀了對眼的舞伴溜到舞廳那邊去了！

我和春蘭，輪流跟劉式資在小舞池裡跳了幾支舞，三個人都是初段的水準；所以，默契不錯，直到二十二時，才盡興而返。

我和劉式資揮別時，春蘭搖開車窗，儼然以老大姐的口脗叮嚀說：

「別把電話號碼弄掉了，再出錯，可就重歸陌路了！」

「不會的，我已銘記在心，謝謝妳的好意，兩位晚安，拜拜！」

車子滑向慢車道，我回首看去，劉式資在向計程車招手，一瞬間人影就完全消失在夜幕中。

# 第二章 遲來的初吻

六年前，我在臺北剛完成大學學業，就心緒不寧地急於返鄉，原因是畢業典禮時，媽咪未來觀禮。

回到彰化老家，就見媽咪臥病在床。她所主持的咖啡簡餐專門店，依然生意鼎盛，但店員們卻精神渙散、互不協調。因此，我就毅然代理管店的責任。

某日上午，店裡正做營業準備工作，就有一位年輕的顧客上門。他身著戎裝，肩佩少尉軍階，身材挺拔，眉宇間流露著一股英氣。

他說剛下火車，如果方便的話，就為他提供一份早點。我雖未曾做過生意，但顧客至上、服務第一的生意經，早已深印在心。何況，提供一份早點，是再簡單不過了。

這天，前廳的服務生遲到，我就試著為他做了一份火腿蛋三明治，會計兼收銀員林美珠則幫忙，現磨現沖一杯巴利森，外加奶精調好的熱咖啡。他一再稱謝，然後邊吃邊看早報。

「怎麼又是這個樣子？」他搖搖頭自言自語地說。

「是不是立法院又比拳頭？」早報我還沒看，所以好奇地問。

「嗯，這種錯誤的示範，真使民主蒙羞！」

就這樣，我和他從國會醜聞、學運「小蜜蜂」，一逕聊到求學、就業和各自的人生觀。

我告訴他，剛走出大學校門，有再進研究所的打算。他則說，現已服滿預官役，明天就要開始辦理離營手續，並透露也有繼續深造的打算，但可能選擇北美國際知名大學為爭取目標。

談到這裡，他看了看手錶，就急忙買單，提著旅行袋，說聲「再見」就匆匆走了，連他姓什麼都不知道。

他走後，阿珠代服務生收拾餐具，發現咖啡桌下，有張彩色照片，她揀起來和我一塊審視，原來是剛才那位預官所遺落的旅遊寫真，背面寫著「劉式資攝於澄清湖畔」。

阿珠直誇拍得不錯，我也感覺他穿便服比穿軍裝還帥氣。阿珠想留作紀念，我要她放在收銀枱的抽屜裡，看他會不會來找。當然，我還另有用意，那就是看他是否落花有意。如果，他不再來找，就由阿珠處置好了。

第三天午後，他果然又出現了！一進門我們就喊他劉先生，只見他倏忽臉紅起來。我問他遺失什麼沒有？他說掉了一張照片。於是，我叫林美珠把那張照片拿過來。

「這張照片拍得很美，送給我們吧？」林美珠以企盼的眼神看著他。

「好吧！不過也該禮尚往來。」他答話時，目光卻朝著我發射強烈的訊號。

「我叫陳秋菊，以後補送可以嗎？」我這話是暗示他，是友誼就有明天。

「當然可以！」他的回答爽快而真誠。

這時，服務生走過來，把餐飲目錄放在他面前，他在翻閱時，有數位顧客進來，我一轉身，就聽阿珠對劉式資低聲說：

「照片是我揀到的，我叫林美珠！」

劉式資只淡淡地說了聲「謝謝」，阿珠似乎很失望，悻悻然回到收銀枱，一直噘著嘴，未再離開一步。

劉式資臨買單時告訴我，他明天離營返鄉，上午十時左右經過這裡，會進來向我辭行，我點點頭表示心領神會。

隔日，劉式資九點三十分就來到店前，我也正準備送姑姑回斗六，於是就一同走向車站。

途中，姑姑不時冷眼打量劉式資的儀表，並悄悄地提醒我，別輕意被男孩子的斯文假象所迷惑，要多瞭解他的內心世界。

她問我，「毒」字的上半截改作「士」讀什麼？我從未見過這麼個怪字，一時答不出來。但鑑於姑姑的國學根基很深，也不敢說沒有這個字。她見我被難住了，得意地笑著說：

「那個字讀作ㄞˇ，無品的讀書人叫毒儒或毒子。」姑姑回頭看到劉式資故意保持距離，就放心地說：「交異性朋友千萬要設防，一見鍾情風險很大，不可迷失自己！」

姑姑說的多半是方言，劉式資雖是外省人，但他出生在臺灣，我想他一定聽得懂臺語。因此，我還是用肘臂暗示，且思姑姑年輕時，一定是被「蛇」咬過，所以見到繩子也會想到「蛇」，如所謂「一旦被蛇咬，十年怕井繩」。

到了公車客運站，正好北斗線的班車升火待發。我趕緊到售票口買了票，扶持姑姑上車，姑姑坐定之後，探首窗外，跟劉式資和我揮手道別。

送走了姑姑，又送劉式資到火車站，他預先買好了自強號十點二十分北上的車票，看看錶還有一刻鐘。我問：

「臺語會講不？」

「聽十成，講嘛只有五六成，而且，發音不準。」

糟糕，姑姑的話，他果然有聽也有懂。怪不得一路走來，由前面轉到後面，始終保持幾步的距離，為的是避免尷尬。

進入月台，劉式資回過頭來趴伏在柵欄門上問我：

「以後我們能互相通信嗎？」

「當然可以。」這正是我所希望的。

「信寄到那裡？」

「店裡呀！」店是我媽開的，我們全家就住在樓上，還有那裡好寄，「好奇怪的問題」，當時我這樣想，而他也靦腆地笑了。

「你真是憨得可愛！」可是我並沒有說出口，只是回報一笑。

一週過去了，他沒有來信，我由翹企而失望而神不守舍。往後，兩週、三週……

……，日日望眼欲穿，似乎「郵差總是按錯鈴」。

失眠加上食不甘味，我終於病倒了。媽咪拖著虛弱的身子到我房裡來，看到女兒一臉憔悴，起先還以為是累壞的。因為，我是媽咪最貼心的人，母女倆一向無所不談，從來不刻意隱瞞什麼。所以，我問媽咪初戀是不是都這個樣子，媽咪先是一驚，注視我好一會兒，才笑著說：

「小菊，是因那個姓劉的而神不守舍？那妳可是傻得不值！」

「為什麼不值？」

「你們不過是萍水相逢，連友情還都談不上，妳竟為他廢寢忘食，這豈不是癡傻得可以？」

我想，媽咪的話是對的。然而，每當夜深人靜，心頭就感到莫名地悽苦。他沒有來信，卻好像彼此有著心電感應，又似乎靈犀卡在什麼地方，以致愁腸百結。

我問媽咪，最近生病始終不肯去看醫生，又是什麼原因？媽咪起先笑而不答，後來拗不過我的糾纏，終於承認也是被感情問題所困惑。原來她有了昔日戀人的消息，離散四十多年，失落的戀情，又有了一線希望，使媽咪起伏的心情，再怎麼也無法平靜下來。

「那為什麼不設法跟他連絡？」我不解地問。

「因為……因為他有個美滿的家庭。」

我懂了，媽咪是怕給無辜者造成傷害。所以，寧肯躲在暗處自苦。於是，我也嘲弄媽咪說：

「人家早就把您給忘了，您卻戀戀舊情不能自拔，這和女兒的癡傻有何分別？」

「不一樣，我們從小就常在一起。雖然，他大我兩三歲，但他跟妳舅舅是同班同學，而且，他們就讀的天津市立第一小學和我們市立第五女子小學，相距不過兩百碼，所以，上下學都會三人同行。」

媽咪說到這兒，使我記起不久前，她曾透露跟爸爸心結難解的秘密。那是我大四寒假結束前，她生病發燒時，頻呼一個陌生男士的名字，以致引發婚姻危機。但媽咪說，爸爸那時正與姓白的女秘書畸戀成癡，正好藉此機會提出離婚要求。

我想知道媽咪如何由青梅竹馬，進展到兩心相許的戀人關係，以及如何離亂失散，媽咪以心情不好，不肯多談。直到這天，才在母女交心的情況下，進入時空隧道，重溫前塵舊夢，但對在什麼情況下失去連絡，則又諱莫如深。

春蘭聽得出神，我卻哈欠連連，於是，站起來說：

「欲知後事，且待下回分解？」

「不成，我給妳沖杯咖啡提神，別學章回小說那一套，在緊要關頭，大吊讀者胃口。」

「其實，我不應該把話題扯到我媽身上。」我又坐下來繼續說：「我媽是因婚變，又有了初戀情人的消息，一時勾起往日情懷，才整個癱了。可是，她認為我的情形跟她不同，因此，她鼓勵我出國留學，換個新環境，使那浮雲流水的情愫離我遠去。」

「居然三言兩語，就把你點醒了？」

「我跟媽咪交換條件，只要她能撇脫悽苦，我就能抖掉一切煩惱。」

「結果怎樣了？」熱咖啡端過來，春蘭好像更有理由纏著我。

「我媽跟我勾指打印，不再鬱卒自戕！」

「一賭氣就搬回兩個學位，這正印證了得中有失，失即是得的道理。」春蘭話鋒一轉：「那麼劉式資寫過好幾封信，妳卻一封也未收到，可弄清是什麼緣故？」

「還不是那個阿珠搞的鬼！」

「噢，我懂了，她把劉先生給妳的信，全都扣了!?」

「一點兒也不錯，先後七封，第七封還是限時掛號呢！」

「她的嫉妒心可真強烈！」

「其實，也怪我自己毫無戒心。」我追悔地說：「劉式資一開始就擔心她會作怪。」

「所以，在車站分手時，他問妳信要寄那裡，妳還覺得莫名其妙，對不？」

我慚愧得為之語塞，好一陣子才說：

「以前聽到最毒女人心這句話，總覺得很刺耳，…………」

「『菜根人生』一書中有一章說，狼因飢餓才傷人；人為嫉妬也相殘。」春蘭感慨地說：「男女都一樣，不過，也不能以偏概全，妳說是嗎？」

「感謝妳，若不是妳好心帶動，使劉式資與我得以重逢，這個謎底恐怕永遠也揭不開。」

「六年來，你們的心都沒有變，實在難能可貴！」春蘭以自憐的語調說：「說真的，我好羨慕也有點妬忌。」

「是嗎，那麼林美珠的行為，妳不認為可恥？」

「不，不但可恥而且罪不容誅！」

「噢，阿珠是個魔鬼！」我又記起她曾說過：「我想要而得不到的東西，也絕不成全別人！」

「蛇蝎心腸，好毒啊！」

「春蘭，妳大概不會是那種人吧？」

「妳這話顯然對我也起了戒心。」春蘭正色說：「一般的事，我總認為老人說的，爭之不足、讓之有餘那句話很有哲理。在愛情上，我更堅信強摘的果子不甜，至於攪局的角色，不屑為也。」

「妳可稱得上是位女中君子了！」我這讚美的話，隱含著期許的意味。春蘭呷了一口咖啡，面部表情充滿了自得和自信。又聊了一會兒，互道晚安，各自回房就寢。

當我卸粧時，發現化粧台上有封信，看那筆跡，就知道是媽咪的來信。春蘭把信帶上來，竟忘記告訴我了。

媽咪信上說，既然我和劉式資有緣，何不要他搬來同住。一來，大房子裡有個男人，會增加安全感。再者，劉式資搬過來之後，可增進彼此的瞭解。最後媽咪說，如果他肯搬過來住，媽會帶著弟弟來慶賀我們時來運轉，鴛夢重溫。

閱罷，磕睡蟲一掃而空，拿起電話聽筒，連按了七個鍵碼，不消片刻就有了回應。式資在電話裡搶先告訴我，他剛從GC公司董事長，也就是GT集團柴副總裁家裡回來，正想打電話給我，又怕我已經就寢，所以，正在猶豫中。

我問他有什麼好消息，他說是近期可能外調。再問他決定了沒有，他答說還沒有。「那就見面再談吧！」我告訴他說：「我媽要你這個月就搬到我這裡，這算不算好消息？」

他沉默不語，使我頗感意外。因此，追問說：

「你不想搬是吧？」

「我夢寐以求的就是和妳朝夕相聚，怎麼會不想搬去。」他又沉吟片刻，解釋說：

「可是妳如果以我的立場設想，就不難理解我的矛盾了！」

「人言可畏是不？那你為什麼不……。」我的意思是，他為什麼不建議先訂婚再搬家。

「妳又誤會了，我不在乎別人怎麼說。」

「難道你和春蘭的想法一樣？」我直接了當地說：「那我就收你房租好了。」

「不瞞妳說，我在郊區買了一戶預售屋。」

「為什麼不早對我說，你現在應付期款已很吃力對不對？」

「一個男人如果甘為『寄居蟹』，豈不是太沒出息？」

「基本上你的想法沒錯，可是，如果我們決定牽手一世，那又何必要分你我？」

「世俗觀念並沒有改變呀！」

「就從你我開始，有什麼不好？」

式資未再辯解，我也不便逼他立即點頭。但是，我說：

「我媽是番好意，你搬來她比較放心，考慮好了再給我回話，可以嗎？」

他答應等調職的事定案，就立刻給我個滿意的答覆。

掛斷電話，心裡有著戚戚然的感覺。暗思幸虧不是富家女，否則碰到這個有骨氣的男人，還真不容易肝膽相照哩！

不用說，這一夜睡得不很安穩，次日起床渾身慵軟，一點也不帶勁兒。午休時間，春蘭到我辦公室來，附耳嘀咕說，李伯母要她這個週末去臺中乾媽家。我的香巢裡，少了一個有機電燈泡，一定會更加羅曼蒂克。

我淡然一笑，心裡卻沒有她想像的那麼好。

星期六上午，式資打電話說，中午到我家來吃飯，我以為他已做了搬家決定，心裡有說不出的高興。然而，見面時，他沒提搬家的事，卻說他老爸要他今晚或明天回臺中一趟。所以，他才決定週末下午來陪我，星期天一早搭火車南下。

我紮起圍巾，下廚做了幾樣小菜，在溫馨的氣氛下，舉杯互相祝福。餐畢，我問他是不是劉伯伯想念他，希望父子相聚、共享天倫之樂？他猜測不是這麼單純。因為，兒子不常回去，老爸倒常來臺北，幾乎每週都有一次父子會。我忽然想起劉伯伯是國內的名教授，臺北及臺中至少有兩所大學都有課。所以，式資擔心老爸可能身體不適。他說：

「自從家母過世後，老爸孤單寂寞，常於凌晨三點就起來寫文章。由於睡眠太少，這幾年蒼老多了。」他的眉宇突然變得陰鬱起來，眼眶隱約噙著淚水。我連忙取了化粧棉紙給他，他竟難以自制地淚流滿面。我猜想，他不僅擔心劉伯伯的健康，也勾起了思母的情懷。

我不知那兒來的勇氣，靠緊他，像大的小弟弟，百般溫柔地安慰他。不料他拭乾淚痕，轉身親了我一下！我瞇著眼，正被這突如其來的情境所迷醉，只覺得那厚厚軟軟的嘴唇，又準確地對準我的雙唇，來了一個像是渾身通了電流的熱吻！這時無聲勝有聲，只有心臟的跳動聽的真切。這真是奇妙的一刻，遲來的初吻，竟然如此美妙，豈是一句簡單的羅曼蒂克所能形容！

良久，我起來倒了一杯溫開水給他，他喝了一口，緩和一下情緒，語氣深沉地說：

「我爸當年是個流亡學生，來臺時不滿二十歲，在舉目無親的情況下，做過擦鞋童、豆漿店小夥計、送報生，還做過建築工地的搬運小工，半工半讀，吃盡苦頭，才完成大學教育。」

我反過來倒在他的懷裡，靜靜地聆聽他敘述劉伯伯的流亡故事和情史。

「我知道，母親在時，他克盡夫職和父職，但他始終對初戀情人難以忘懷。這幾年落單之後，常對親友提到她，原因不僅是魂縈舊夢，更有著未能善盡保護之責的疚苦。當年，她在兵荒馬亂中失散，一直生死成謎，如今兩岸民間交流頻繁，王家在天津的人，必然會返鄉探親，如果親人興師問罪，老爸真不知如何交代！」

「劉伯母也是臺灣人嗎？會不會因為舊愛難忘而感情平淡？」

「我母親不是本省人，否則，我的臺語不會……。」

話猶未了，他就陷入沉思狀，顯然又勾起思母情懷。我立刻向他道歉，他笑笑又繼續說道：「我母親也是流亡學生，比父親小一歲，來臺灣有十年之久才認識。」

「臺灣女孩子那麼多，為什麼會到十年後才交女朋友？」

「妳沒聽說，『物離鄉貴、人離鄉賤』？況且逃難的人有誰瞧得起？」說到這兒式資想起了他老爸的一段糗事：「記得父親說，民國三十九年，他隨著劉安琪將軍麾下的幹訓班，駐在臺南一處營房。有一天早晨，他溜出去散步，走在小溪旁，一個美麗的村姑正在浣衣，見他從背後走來，回首朝他嫣然一笑。」

「那情境不是很美嗎？」

「是啊，可是過了小溪，又見到一個男童，那男童不斷唱著，我吃（ㄐㄧㄚ）飯（ㄅㄥˊ）你（ㄌㄧˋ）吃（ㄐㄧㄚ）屎（ㄙㄞ）！」

「劉伯伯當時怎麼反應？」

「父親誤以為是好話，連連點頭並說謝謝！」

「後來才知道是罵人的話？」

「是的，我媽曾說，外省人剛來時，一句本省話也聽不懂？」

「那小男孩為什麼與浣衣姑娘的態度完全不同？」

「大概男孩子天性排外，而異性相吸常能冲淡地域觀念，妳看，現在各族群互相通婚，不是愛情無界線的最佳證明嗎？」

「可是，劉伯伯還是有十年交了白卷！」

「年輕的女孩子不排斥外地人，可是長輩會反對，我老爸就曾聽到有人說，寧殺給豬吃，也不把女兒嫁給外省人！」

「…………。」我一時為之語塞，只好暫時緘默。

「還有，窮小子那有資格討老婆，就是現在也沒改變。」式資喝口白水說：「光是聘金和禮餅兩項，就夠嚇人！」

「你還沒說，伯母生前，跟伯父感情如何？」

「懷念舊情不會影響現實的感情生活，況且，我母親很賢淑，他們真的相敬如賓。」說這話時，他似乎頗以母親為榮。

我聞言脫口而出：

「相信我們也能！」

「阿彌陀佛！」式資合十作狀。

「這代表什麼意思？」

「但願如此！」

「別那麼沒信心。」我正襟危坐感歎地說：「那個年代，悲憤故事說不完，我媽也有類似的遭遇。」

「是嗎？」

「是啊，就以我倆來說，不也有過六年的煎熬？」

他聳聳肩，手臂圈著我的頸子，以溫煦愛憐的眼神凝睇著我。霎時間，一陣莫名的心潮湧上心頭，眼睛隨即模糊起來。只感到他那柔軟的嘴唇，印在我的額頭，又吻了我的面頰，然後像磁鐵般地吸住我的嘴唇。我再度沉醉在他疼惜的溫柔中，久久不能自己！

當他一再溫言安慰我時，我終於破涕為笑。其實，原本就是因感動而哭，至此，更因幸福的憧憬而滴下快樂的淚水！

「秋菊姐！」這顯然是春蘭在喊我。

我和式資一驚，怎麼春蘭開門，我倆竟渾然不覺。猛回頭，見春蘭正推開鐵門，一腳跨了進來。看到我倆陶醉在柔情蜜意中，連說：

「對不起，對不起，我沒想到劉先生在這兒！」

「今天又加班了？」我甩甩頭髮看著春蘭。

「嗯！」她點點頭，沒換拖鞋就急速地跑進房裡。

我向式資眨眨眼，意思是被人撞見好不羞臊，他卻傻傻地撇撇嘴兒，好像是表示「這有什麼值得害臊的，我們只不過是抱抱而已。」

我大聲喊叫春蘭出來坐，她答說在換衣服，要趕搭六點多的火車。

「什麼時候回來？」

「明天晚上！」她說後又改口說：「哦，不一定，電腦硬體在作系統檢修，我星期一可以不上班。」

「正好式資也回臺中，你們何不一道走？」

「我今晚不成。」式資說：「妳忘了我買的是明天早上的車票？」

式資剛說完，春蘭已揹著皮包來到面前，雖然是一襲素色套裝，倒也顯得分外清麗脫俗。

「吃個柿子再走吧？」我把桌上的果盤端起來說：「全都洗過了，拿一個吃了再走。」

她以詭異的眼神，對式資瞟了一下說：

「我太大膽了吧，怎麼連劉大哥，不，我那未來的姐夫也敢吃？」

「此柿子非彼式資，妳抓到機會就不忘調侃人，這跟妳那典雅的氣質很不搭調！」我也嘲謔她一番。

「別挖苦我了，恭敬不如從命。」說著抽了張化粧棉紙，包了兩個柿子說：「到車上去吃。」

「給一個拿兩個，妳連姐姐也要吃掉！」

「這叫一不做二不休。」她對式資揮揮手說：「拜、拜！」

式資和我送她到玄關，式資叮嚀她路上小心駕駛。沒等春蘭回答他又立刻自行更正說：

「噢，妳今天不開車，祝妳旅途愉快！」

春蘭嫣然一笑，說聲「謝啦！」就飄然閃入電梯。

我看看手錶，時針正好指在五點，我說：

「晚餐出去吃罷？」

「我去買便當，還是在家裡吃比較香。」

「別忘了你現在是客，慢待了客人明日還會更好嗎？」

「嗯，說得也是。」他幽默地說：「不妨試試看！」

「好吧，你回客廳，我下去買。」

「一道去，這叫焦不離孟、孟不離焦！」

「你錯了，這叫秤不離鉈、鉈不離秤！」

……………………

我倆你一言我一句，說著說著就來到了自助餐專賣店，我選雞腿，他愛吃魚，葷素菜式配好了，又各要一碗米飯，式資付了帳，就又一路說說笑笑回來了。

填飽了肚子，我冲了兩杯咖啡，把一杯端到式資面前：

「你請我吃便當，我請你喝咖啡，扯平了！」

他把電視打開又關掉說：

「是嗎，好像還欠點什麼！」

我把另一杯咖啡也端過來，坐在他身邊說：

「還欠什麼，王子？」

他把我摟到懷裡笑瞇瞇地說：

「飯後還沒擦嘴！」說著，就捧起我的面頰深深地一吻，我像喝了醇酒，不勝酒力的酥醉在他的臂窩裡，靜靜地享受你儂我儂地奇妙滋味。他撫弄著我的頭髮，又和我臉貼臉耳鬢廝磨，使我有如置身夢幻世界：白雪公主與白馬王子相偎在萬花叢中，禮讚著如錦的綠野。

不知過了多久，我張開眼睛望著他說：

「長髮為君留，短髮為君剪。告訴我，你喜歡我剪什麼樣的髮型？」

「長髮飄逸，短髮俏麗。其實，妳現在的髮型相當中庸，是我的最愛。」春蘭嘴裡的憨男，怎麼變得這麼會說話，說真的教我不心醉也難。

「你以前對女孩子也這麼嘴甜嗎？」我忍不住這樣問道。

「我屬於木訥型的男人，不過，愛情會使一個人改頭換面。病夫會變得容光煥發，菜鳥也會變成靈鳥！」

「可是，女孩子都說，男孩子遇到心儀的對象，都會拙於應對、手足無措。」

「沒錯，當愛情迸出火花，就完全不同了！」

哦，原來如此。我默然不語，靜靜地玩味著他的話，不知不覺的睡著了。醒來時仍然依偎在他的懷裡，享受那奇妙的磁感。而他則摟著我一動也不動，似乎惟恐我睡得不甜。我猜想他的大腿可能被我壓得麻木了，於是，推開他的手臂，緩緩地站起來，以感動的語氣説：

「式資，你真不愧是現代柳下惠！」

他沒回應我的話，卻伸出有力的雙臂，把我抱起來送到臥房的床上，然後附耳溫柔地説：

「初夜權不會讓給別人，我將特別珍惜那一刻！」

接著他又深情款款地吻了我一下。俗語説：「打鐵趁熱」。我撒嬌地説：

「答應我，這個週末一定搬來！」

他點點頭作篤定狀，我也報以滿意的微笑。臨走，他向我眨了一下眼，又給了一個飛吻，在互道晚安聲中，輕輕帶上房門。前幾天，我給了他一組內外門的鑰匙。所以，我不必起身送他，何況，我還沉浸在愛的迷醉中，身體猶如溫泉出浴一般地癱軟。

不用問，這一夜我睡得有多甜。老實説，彷彿一直偎在他的臂窩裡，直到鬧鐘將我喚醒！

# 第三章 無端吹縐一池春水

式資自從搬過來，變得近似初識的木訥，尤其有春蘭在的時候，更顯得沉默寡言。不知是「人地不宜」，還是他跟春蘭之間有著心結。否則，神態為什麼那麼不自然。

春蘭嘛，自去了一趟臺中，情緒也顯得有些反常。我知道他老爸中風多年，是不是最近病情加劇？有時夜裡醒來聽到隔壁有啜泣聲，第二天看她的臉色，確實有些蒼白。而且，眼瞼也似乎有些浮腫。或許這都是我的錯覺，她不再是開心果卻是事實。究竟出了甚麼事？每次問她，她總是顧左右而言他，這使我不得不懷疑在我們三個人之間，一定隱藏著什麼秘密，而這秘密說不定對式資和春蘭而言，只是心照不宣，唯有我被隔在迷霧之外。如果我猜的不錯，式資無疑是有意疏離，至少在情義上，他沒有對我刻意隱瞞的理由。

我因困惑而失眠，但式資在和我獨處時，總是百般安慰，並要我保持落落大方的風度，千萬不要「天下本無事，庸人自擾之」。這句話我覺得他引喻失當，但我知道他是出於善意，把我罵成「庸人」我也認了。愛他就要相信他，別讓他再諷刺說「女人嘛，天生都是小心眼兒！」

氣氛隨天氣好轉。初秋時分，太平洋依舊颱風連連。但不是掃向日本，就是蹂躪中國大陸，大颱小颱全部過門不入，以致臺灣地區，出現了罕見的旱象，基隆是出名的雨港，居然連續八個月沒有降雨！

大家響應節約用水的呼籲，於是，喜歡玩水的人，就紛紛奔向海水浴場。

八月八日爸爸節，春蘭和式資都回去給爸爸賀節，我和弟弟有爸爸，竟不曾享受半點父愛，也沒有表達孝敬爸爸的機會。因此，爸爸節對我家姐弟來說毫無意義。今年是我回國的第二個爸爸節，與往年不同的是弟弟文傑來臺北看我。

他喜歡玩水，我就帶他去淡水海水浴場，弄潮堆沙玩得不亦樂乎。歸途他忽然透露一個驚人的訊息。

「姐，你們三個人現在住在一起，卻沒有以前那麼親暱是不是？」

「沒有什麼不同啊！」

「我的直覺告訴我，你們三個人正處於貌合神離的狀態。」

「你是局外人，那裡會知道我們的事。」

「現在我不是局外人而是邊緣人。」

「邊緣人，怎麼解釋？」

「姐，妳的閨友有可能成為妳的情敵，唯有我能幫妳解除危機！」

我一驚，方向盤失去控制，差點就衝過雙黃線和迎面而來的小貨車撞個正著。

「對不起，在開車途中不該談這些，還是小心駕駛吧！」

他不說我也能猜得出，他想以什麼秘密做交換條件。我這個小弟讀書不怎樣出色，歪點子，不，應該說是小聰明倒不是一眼眼。途經天母，我把車子停到一個小公園的旁邊，兩個人進了一間美式速食店。

「文傑，有什麼條件你說吧，希望你別獅子大開口。」我急於要知道謎底。

「我只希望兩點：其一，寒假讓我來住上半個月。其二，要李小姐知道我會真心誠意地追求她。」

我聽了真是既好氣又好笑，但我還是儘量克制地說：

「媽咪希望你利用寒假好好自修，如果最後階段還貪玩，方帽子篤定戴不成！」

「讀書不忘戀愛，這點姐總該同意吧？」

「誰說的？我只聽說讀書不忘報國，你卻變成了不忘戀愛。」我進一步潑他冷水說：「李姐姐年齡比你大，而且擁有碩士學位，你追她好有一比，癩蛤蟆想吃天鵝肉！」

「真誠能感動石頭公，何況她不會低估我，因為，姐的遺傳基因我都有。」

「少貧嘴啦，你把秘密當籌碼，當心下學期的零用錢會斷了源頭！」

「好啦，我講就是了，誰教我們是姐弟，談條件未免不近人情，是吧？」

「這還差不多。」我在乾果盤裡夾了一粒果球，送到他嘴裡，這就叫做打一巴掌賞粒糖，責備不忘鼓勵。

他把果球嚼一嚼吞了，才開始說出半個月前，發生在臺中的事。

「姐，妳知道爸爸為什麼和媽咪仳離？」

「當然知道。」

「那妳知不知道爸爸現在的女人是誰？」

「只知道姓白，原來是爸爸的女秘書。」

「對了，這麼說這第一項，已經不是新聞了。」

「賣什麼關子，還第一第二繞著說？」我把臉拉下來，肯定不太好看。

「現在就講重點啦，爸媽當初離婚，是因為媽咪不能忘情舊日的戀人。」

「那是爸爸找藉口！」

「媽咪在大陸時，真有一段戀史，沒錯吧？」

「嗯，有。」

「那位先生是大舅的同學，也算是媽咪青梅竹馬的玩伴，姐知道嗎？」

「當然知道！」

「誰告訴妳的？」

「媽咪，還會是誰？」

「這麼說，那位先生也在臺灣，媽咪不知道，當然姐也不知道。」

「知道！」

「知道？既然都知道，那第二項也不是新聞了！」

「最近發生了什麼事，才是重點！」

「哦，在春蘭姐的乾媽家中，媽咪和昔日戀人巧相逢，而對方就是劉大哥的老爸，妳說巧不巧？」

「嘜，事先全都不知道？」

「如果知道就不算巧了。」他以小大人的語氣說：「小小的臺灣，四十多年來，說不定曾多次擦身而過。如今，居然是在兒女相親的場合巧相逢，這豈不是冥冥中的安排？」

「誰跟誰相親？」

「春蘭的乾媽作媒，妳說誰跟誰相親？」

原來如此，怪不得自從臺中回來，式資和春蘭都有些怪里怪氣。

「怎麼，姐心理犯嘀咕？」

「我問你，春蘭的乾媽怎麼認識媽咪？」

「她們曾是插花班的同學。多年來一直保持連繫，只是我倆不知道。」

「我懂了，這次相親，事前雙方皆不知情，完全是媒人一廂情願。」

「怎麼樣，這情報值幾文？」

「要敲姐姐的竹槓是嗎？」

「不敢，只希望下學期零用錢能多給點而已。」說完了又改口說：「姐，說著玩的，別認真！」

他不認真我倒認真起來，在他去盥洗室時，我靜靜地思索文傑零零星星透露的訊息，霍然得到一個清晰的概念。

式資的爸爸劉教授，就是媽咪的初戀情人，和媽咪失散多年後與式資的母親結婚，若干年前劉母因病亡故，劉教授鰥居至今。春蘭的乾媽有意撮合兩位年輕人，卻意外地促成兩老的重逢。這明明是樁可喜的亂世佳話，偏偏春蘭瞞著我，式資也瞞著我，難道他倆心中有鬼？

「我就知道姐的心理會起化學作用。」文傑從盥洗室出來說：「所以，遲遲不想告訴妳。」

「你錯了，這件事攤開來，對兩代都有好處。」

「不見得吧！」

「為什麼？」

「上一代重拾舊情，我們做兒女的應該為媽咪高興。……………」

「那不就結了？」

「不過，我擔心原來的幾何演算，說不定會變成三角習題！」

「果真如此，那就看你的了。」

「真的嗎？」他興奮地說：「我就知道姐對我有信心！」

「小傑，別太高估了你自己。」我輕蔑地說：「難道你這邊緣人，真想有一天成為李家的入幕之賓？」

「當年既窮又醜的林肯，還不是憑信心贏得富家才女的芳心？」

「俗語說，一個巴掌拍不響。而你，是不折不扣地剃頭擔子一頭熱！」

「不見得吧，春蘭姐對我很客氣，足證印象不差。」

「你在她眼裡不過是個還沒成熟的青蘋果。」

他似乎受不了我的刺激，有點惱羞成怒，竟反唇相譏說：

「妳那劉式資也不過是個澀柿子！」

「式資又什麼時候惹你了？」他貶式資，在我聽來也蠻刺耳，於是，站起來招呼服務生說：「小姐，買單！」

「幹嘛，肚子空空的就回去？」

「不會餓著你，我們去老地方吃烤鴨三吃。」

文傑沒吭聲，但我知道他會滿心歡喜。

晚上八點多，我們姐弟來到家門口，我把車門鎖好，抬頭一看，客廳的燈光通明，我想是出門時忘記關燈。

進到客廳不見有人，卻聽到說話的聲音，原來是式資正在陽台發神經：

「我說好人是寂寞的，各位或許不以為然。聽說，抗生素列入管制的年代，某縣廟口有兩家小兒科診所。一家門可羅雀，另一家卻須預約掛號。各位想必會說，那一定是醫學造詣有別。事實上，是求診者一味跟著感覺走。

「有位長者，當年結婚不久，就喜獲麟兒，因小寶寶先天體質欠佳，時常生病發燒。夫婦倆先到醫生甲的小兒科診所去求診，老醫師和先生娘，滿面春風，對待病家十分親切，但奇怪的是求診的人非常少，幾可用門可羅雀來形容。診斷處方後，醫生甲又叮囑該夫婦三天後再來。

「三天後，寶寶的病情並未顯著好轉，這對夫婦就懷疑醫生甲故意不給好藥，好多賺門診的錢。於是，就轉到醫生乙那裡去就診。醫生乙草草診斷，就開了處方，並囑咐該夫婦去藥房買三顆金黴素，每顆分配在三包處方藥劑中，按時餵服。

「第二天小寶寶就霍然而癒，九包藥還剩下六包。從此，該夫婦認定了醫生乙，並且廣為宣傳。

「不過，說起來十分諷刺，醫生乙的鄰居，都說該醫生只會給別人的孩子看病，卻不會給自己的孩子看病。換句話說，給別人的孩子看病，兩天就好，而自己的孩子卻要拖上十天半月。

「有位鄰居，曾親眼看見醫生乙的先生娘，偷抱著孩子偷偷到醫生甲的診所求診！她為什麼捨親就疏、捨近求遠，實在耐人尋味。

「其實，醫界都知道，醫生會給別人看病，卻每每得不到家人的信賴，甚至自己有病，下手處方也會躊躇者再。

各位朋友，你們認為道理何在？」他那鏗鏘的語調和誇張的手勢，宛如面對千百聽眾。

「我知道！」我這樣大聲，驚得他猛然轉過身來，癡癡地望著我。我連忙笑著說：「對不起，嚇到你了！」

「呵，怎麼進門來，一點一聲響也沒有？」

「不是沒有聲響，而是你太專注了。」

「那麼就請妳來代表聽眾回答我的問題吧！」

「醫生學醫也兼習藥理，他們知道所有的藥劑或多或少都有副作用。例如，治療心臟病的洋地黃，中毒劑量只較有效劑量大一點點，用多了會中毒，用少了沒有療效。」

式資聞言大為驚訝，我則外行充內行，繼續說：「抗生素能對付某些頑強的病菌，但也會為別的病菌製造機會。例如，使用青黴素，能消滅鏈球菌，但若人體內有葡萄菌存在，青黴素對她無可奈何，反而幫助牠壓制了爭取養份的對手而產生另一種病灶。」

「說得好，好精彩！」

「更值得小心的是所有的抗生素，雖能有效克制某種有害的細菌，卻可能同時將人體有益的細菌也一併殺死。醫生懂得藥理，因此，在為自己處方時，不免多所顧忌。」

「好極了，言之有物、答得具體，真沒想到妳這經濟博士，連醫學嘛也通，佩服、佩服！」

他以為我已講完了，而我卻欲罷不能：

「還有，另據專家的研究指出，用抗生素治病，有些病菌極為頑強，若逃過一劫，會把抵制抗生素的抗體，遺傳給下一代。這就是所謂醫生只會給外人看病，不會給自家人看病的道理所在。」

「嗯，你姐姐真不愧是博學多聞。」他對文傑說：「看起來我這兩把刷子，還是別賣弄了。」

「我猜劉大哥是在準備演講。」文傑一屁股坐在沙發上，問道：「能不能說說講題是什麼？」

「跟著感覺走的社會心理症候群！」

「這題目切中時弊，大可好好地發揮一下。」我招招手要式資進屋來坐：「是公司為你安排的演講嗎？到時候能不能做你的聽眾？」

「有妳在場，恐怕我會緊張。」

「會嗎？我真有點兒受寵若驚。」

「會！」他半開玩笑地說：「本來很有自信，現在就像皮球洩了氣，信心完全沒了。」

「你們兩位別再互相標榜了好不好，多肉痲！」文傑顯然有點吃味兒。

「好，我們不說，聽你的。」我說：「你還有什麼新鮮的？」

「我們學校有個很絕的社團，名叫神仙學社，該社上個月舉辦了兩場跨系演講會。第一次的題目是『現代人的人生盲點知多少。』大家所談的也包括一些社會心理症候群。」

「嘆，這麼說，我擬的講題並不新鮮。」式資摧促說：「那第二場的題目又是什麼？」

「第二場的題目叫做『漫談心法的神仙境界』。這一次沒有同學敢應戰，結果由出題的指導教授擔綱演出。不但人人有概念，而且頗能發人省思。神仙學社還一致決議，奉為該社的基本教義呢！」

「什麼是神仙境界，很新鮮。」我好奇地問：「它的旨趣和精義是什麼？」

「旨趣嘛，我想是指導教授專為該學社而揭櫫地精神指標。因為該社的發起人，原先推崇古之隱者，有遁世思想的傾向。指導教授，希望以宇宙主義的人生觀，來導正該社學生的消極心態。」

「具體涵義呢？」式資也問。

「教授說，自古神仙都是人封的。那麼，人為什麼不可以自我升華到神仙境界？

「神仙境界，必是具有宇宙主義的人生觀。第一，要看得開。第二，要看得透。

第三，要看得遠。而且，要有淑世的襟懷，不能存有憤世、遁世的思想，也就是要珍惜現世美好的一切。」

「宇宙主義怎麼解釋？」

「宇宙主義的精義，就是要認知，生命同源、萬有一體。在宇宙法則的物競定律、動變定律、循環定律與平衡定律的運作下，一切都是為了進化，一切都是為了大我。小我的生死得失，不過是花開花落的循環。

「沒有混凝土，蓋不成高樓大廈，而混凝土則少不了水泥、碎石和沙子。可是，若不用水拌和，所謂混凝土或稱三合土，又怎麼能結合在一起？當結構體完成了，水卻消失得無影無踪，但水的貢獻誰能否定？

「因此，人生在世，不論扮演什麼角色，貢獻或大或小，只要竭盡所能，就可了無遺憾；只要看得開、看得透、看得遠，就能藉心法升華到神仙境界，在人生的逆旅中瀟洒走一回！」

式資聽得出神，至此，情不自禁地說：

「好個心法的神仙境界，可是，說了半天還不知道那位教授是誰？」

「劉仲毅，聽說了沒？」

「哈，那是我老爸。」式資以恍然大悟的語氣說：「怪不得我越聽越感到那些語彙既親切又耳熟。」

「真羨慕你，有個了不起的爸爸！」我由衷的說。

「不用羨慕，未來的公公，不也得叫爸爸？」文傑低著頭說，眼角卻斜睨著我。

「原來你早就知道，劉教授是式資哥的爸爸，卻故意兜圈子、賣關子？」我以不屑的眼神看著文傑。

「冤枉，天大的冤枉，我是十多天以前才知道的。」

「十多天，楊家相親你也去了？」我急切地問。

「沒有。」

「那麼，是媽咪跟你說的？」

「媽咪從楊家回來，神情顯得異常興奮，起先只透露一點點，拗不過我一再囉嗦，就把當天的事全盤托出。」

原來如此，怪不得文傑知道得那麼多，像是那天他也在場。

文傑見式資如廁出來，藉口精神有點疲累，就抓起夾克回六B去了。

式資看著手錶說：

「怎麼春蘭還沒回來？」

「都快十點了，今天想必不會回來。」我問道：「你怎麼回來得那麼早，好像講稿也是回來才寫的？」

「如今的老爸跟往常不同，做兒子的要懂事，回家賀節，說幾句祝福的話就夠了，如果儘膩在家裡，老爸反會不自在。」

我聽了會心一笑，心想，這位憨哥哥還真心思細膩呢！於是我又試探地問：

「你看春蘭最近如何？」

「她嘛，好像心裡不怎麼平靜。」他沉吟著說：「嗯，有點怪怪的！」

「相親不成，是紅鸞星未動，就憑春蘭的條件，還怕嫁不出去？」我望著式資說：

「我看春蘭的反常，應該另有原因才對！」

「妳跟她情同姐妹，為何不問問她？」

想不到式資倒打一靶，逼得我反唇相譏：

「我和她是姐妹，姐妹與情侶那個關係密切？」

「依我們三個人來說，當然我倆的關係是妳倆的關係不能相比啦！」

「既然如此，為什麼要我問她？」

「她心情不好，不問她問誰？」

「問你不也一樣嗎？」

「我怎麼能代表她？」

「難道相親的事與你無關？」我真有點按捺不住心頭的怨懟，但自知失態，於是改口說：「噢，我說話太直，給你帶來壓力，真對不起！」

「秋菊，天下本無事，……………。」他又要這麼說，真怕再一次刺傷我的心，好在他立刻和顏悅色地說：「對不起，對不起，妳絕對不是庸人。我的意思是說，既然妳全都知道了，我若主動向妳解釋，可能愈描愈黑，妳說是不是？」

是啊，他這麼說倒是蠻有說服力的。既然，明知是場「見光死」的相親，我卻一直耿耿於懷。捫心自問，式資那句「庸人自擾之」，還真是罵得好哩！

# 第四章 一波未平一波又起

中秋節已近，我和媽咪在電話裡商量，是我和式資回去過節，還是劉伯伯和媽咪到臺北來。

媽咪說，劉伯伯在國父紀念館有場演講，所以，中秋節會留在臺北，不過她問我怎麼不提文傑。

「文傑還不是跟著媽走！」我回答說。

「不一定。」媽咪說：「自從劉伯伯與我重逢，文傑和妳爸爸開始親近了，說不定中秋節他會去高雄。」

去高雄就能享受天倫樂嗎？有個白阿姨在爸爸身邊，他們父子想暢所欲言恐怕也難。我猜八成是藉著和爸爸親近，去摸春蘭家的底。

我把這一猜測說出來，媽咪怪我對弟弟有成見，她說：

「要追春蘭得借重姐姐，向高雄跑豈不是捨近就遠？」

「文傑不認為我會幫忙。」

「妳暗示他了？」

「是啊，我澆他冷水！」

「怎麼可以這樣？」

「春蘭欣賞成熟的男人，她怎麼會對一個比她小的學生感興趣？」

「這也很難說，妳是依常情判斷。但是，有常就有異，有一般就有特殊，這道理妳應該會比我更懂。」

「我曾提醒文傑，可能與不可能之間沒有絕對地分際，很多女人誓言不嫁給什麼人，但最後卻否決自己的誓言。不過當前能做的就是風風光光的取得學士學位。」

「嗯，這回妳點對他了。」媽咪笑著說：「我也提醒他，如果能以全班第一名畢業，頭頂就有了第一道光環！」

談完了文傑，我問媽咪近來的心情如何？媽咪說沒有什麼兩樣，但略為停頓又說：

「妳該聽得出來，我說話中氣十足，不就證明很健康？」

「是的，很健康也很快樂！」

媽咪咭咭地笑了，笑得那麼開心。

「您跟劉伯伯來臺北，務必事先告知確切的時間。」我故意以悄悄話的語調說：

「我跟式資好到車站去迎接呀！」

「不用了，妳把六B向陽的一間打掃乾淨，寢具備齊就可以了。」

「媽，我有點怕怕！」

「怕什麼？」

「怕與劉伯伯見面時，不知如何應對。」

「妳的顧慮是多餘的，他和妳姑丈一樣，既慈祥又隨和。」媽咪雖然這麼說，卻又透露一個小秘密：「不過，說真的，我小時候就怕他，現在人都老了，我還是有點怕他！」

「什麼原因？」

「噢唔，我也不知道，好像我的一舉一動，就是很在意他的反應。」

「媽，那是妳太在意他的感覺，應該說是敬畏他。」

「對對，實際上不是怕，所以，妳也不用怕！」

掛了電話，我到樓下取報紙，回來去敲式資的門：

「還不起床，已經九點了！」

式資只「唷」了一聲，似乎並沒完全醒過來，我心裡想昨天下午出差回來，又忙到深夜才回家，應該讓他多睡會兒。可是春蘭實在沒有道理賴床。於是，我又去敲春蘭的房間。沒想到房門虛掩著，床上我送她的薄被子，疊得整整齊齊，人卻不知甚麼時出去了。

我走近梳粧枱，發現枱上有篇稿子，旁邊放著一枝原子筆。我猜是春蘭夜裡失眠，就在稿紙上信筆「塗鴨」一番。定睛一看，竟是詩抄，於是坐下細讀：

## 愛情二譬

### (一)

愛情，
愛情是什麼？
愛情是朵花。
自古道：
好景不常在；
好花不常開。
愛花結花緣，
惜花莫強摘。
看今朝，
花兒向陽怒放，
花兒迎春綻開。
那蜂兒聞香起舞；
那蝶兒爲蜜而來。
繁花不寂寞，
孤芳有人賞，

只可憐，
那無蜜的花兒，
春殘夢廻空等待！

㈡

愛情，
甚麼是愛情？
愛情像朵雲。
從這個天邊，
到那個天際。
來也悠悠，
去心幽幽。
看似不疾不徐，卻也捉摸不定。
有心追求，
總覺高不可攀；
漫不經心，
倒會洒落一身細雨。
迎之不覺喜出望外，

拒之卻會悵然若失。

反正，

有無都會煩惱多多。

有人喻之如苦酒；

有人奉之爲甘露。

然而，

褒貶由之，

它則瀟洒依舊！

「愛情二譬」不知抄自何處，但，毫無疑問，詩意多少反映了她的心境。現在呢，春蘭那裡去了，該不是有心不告而別了吧？我在粧枱上、書架上，另外找尋線索，終於在枕畔的小鬧鐘下，發現了一張紙條！上面寫著：

對不起，不告而別。我已遷往他處，星期一上班，會把鑰匙還給菊姐。哦，租金放在粧枱抽屜。辜負了菊姐的愛護和式資哥的關懷，萬般情義永銘在心。虔誠祝福二位早結連理、永浴愛河！愚妹春蘭留言。

我閱後急忙叫醒式資，告訴他春蘭出走了。式資聳聳肩膀說：

「自從錯點鴛鴦譜，已使春蘭受到傷害，如今聽說，李伯伯又逼她快嫁。」

「換個地方住，就能解決問題嗎？」

「至少不必在我們面前強顏歡笑。」式資沉吟一會兒解釋說：「我是這麼猜。」

「那麼，留下兩首詩是不是在表達她的心跡？」

「我猜是的。」

「想不到她會率性的用這種方式發抒情懷。」

「這方式比較含蓄，但並不是很高明。」

「你的意思，抄人家的不如自己寫？」

「不，詩不是每個人都會寫。」

「那麼，你是說她這樣離開不很高明？」

「還有點擔心呢！」式資蹙著眉頭說：「我爸一再叮嚀我，要好好照顧春蘭。否則，李伯母會怪罪的。」

「李伯母跟劉伯伯是什麼交情？」

「李伯母跟我老爸的淵源很深，說起來話長，以後妳會知道的。」

中午，我和式資到外面吃飯回來。看到春蘭留下一雙，手工做的綉花拖鞋，沒有帶走。我穿在腳上，似乎有股暖流直上心頭，我說：

「人雖走了，心沒帶走。」

「明天上班，妳得找她好好談談，不要那麼任性，以免老人家憂心！」

我把一盤葡萄端過來，二人坐在沙發上邊吃邊談。

「你看，是不是打個電話回臺中，把春蘭搬走的事告訴劉伯伯？」

「不，就是二老來了，也得暫時隱瞞。最好妳明天能把她勸回來。」

「不可能，她是個有個性的人。再說她要搬，必定經過一番掙扎，才下定了決心。」

「其實，我早就該請妳注意她了。」

「自從你們相親回來，我就察覺到她的情緒起伏很大。雖然，我刻意視若無睹。」

「她不是在妳面前有說有笑？」

「可是夜深人靜時，我曾被啜泣聲驚醒。有時還窺見她，穿著睡袍靠著陽台的女兒牆，以手支頤凝望星空。間或發出一絲幽傷歎息！」

式資陷入沉思狀，良久無語。我繞過長桌，坐在他的身邊。他把我摟在懷裡，靜靜地撫弄著我的鬢髮。然後，我倆就陶醉在愛撫和熱吻的纏綣之中，直到被電話鈴聲所驚，才從沉醉中清醒！

我拿起聽筒，立即傳來媽咪的聲音。母女還沒有交談幾句，就有個很熟悉的聲音，問春蘭在不在？我一聽心裡一驚，本能地捂著聽筒對式資說：

「糟糕，李媽媽要跟春蘭講話！」

「不要慌，就說春蘭去洗頭了。」

媽咪奇怪地問：

「妳在做什麼，李媽媽問妳春蘭在不在？」

「春蘭去洗頭，剛走！」

「李媽媽下午來到我們家，春蘭回來要她打電話過來。」掛了電話我倆就開始發慌，到那裡去找春蘭？找不到又怎麼圓謊？圓不了謊，李媽媽準會趕來臺北看個究竟。式資踱來踱去，突駐足笑了起來。他說：

「緊張什麼，春蘭是搬家不是出走，今天找不到，明天上班準會見到。」

「可是，你剛才說她去洗頭。」

「…………」式資想說什麼又嚥回去了。

「這樣好了，我們就採用拖字訣！」

「見招拆招，拖到明天就沒事了。」

晚上九點多鐘，果然電話鈴又響了，這次是李媽媽親自撥的。我告訴她，春蘭在餐桌留了字條，說洗頭之後，去探望一位生病的同學，可能很晚回來。我保證明天上午，要春蘭打電話過去。想不到這個預擬的謊言還真靈，李媽媽說：

「不用了，反正沒事，要她中秋節回去團圓就是了。」

「總算虛驚一場。」掛斷電話，我又對式資說：「好啦，可以安心睡覺了！」

我和式資互道晚安就上了床，可是輾轉反側總是無法成眠。

春蘭由一個開心果變得陰陽怪氣，仔細想想其來有自。打從式資搬進來，她就刻意疏遠我們。我覺得式資對心理學常有驚人的發揮，所以，曾把我的困惑向他吐露。

他說：只有女人，才能真正瞭解女人。這就證明，他對女人的確蠻有概念。

有一次我說：

「也許，你搬來之後，我就無形中冷落了她。」

「我們時常你儂我儂喁喁私語，她看在眼裡，能不暗自感傷才怪哩！」他這樣分析說。

「原來表面上嘻嘻哈哈，那是工於包裝，關起門來，說不定就自怨自艾的悽苦起來。」

式資點點頭說：

「有個說法，戀人眼中只有一個影子。看來頗有道理！」

我勸式資對她好一點，像以前一樣，三個人週末總是膩在一起，旅遊踏青也是三人同行。式資若把她當妹妹看待，大家都比較好過。式資則斥我天真，他說，此一時也彼一時也。以前他沒搬過來，幾乎都是在公共場所約會，三人行當然沒有問題。何況，一向矜持的我，有春蘭在場，反而自然多了。

式資住進來之後，我常到他房裡去，他也毫無顧忌地到我房裡來。有時我倆偎依在一起，靜靜地憧憬著幸福的未來。也有時互相戲謔、縱情歡笑，而春蘭總是躲在房裡，若非我再三喊叫，她絕不會冒失地現身。我還不只一次，讚美她那麼世故，又那麼善於自我調適。

如今，事實證明我的直覺判斷是錯的，我應該以她的角度來體會她的心境才對。

回想以前春蘭曾經對我說：

「秋菊姐，我多麼羡慕你們那峰迴路轉的愛情故事，而我的五年，竟是一片空白。」

又記得，有一次三個人到康樂廣場去跳舞。中場時，一對情侶手牽手，經過我們的座位向外走，後面跟著一位女郎，口中嘟嚷著說：

「妳都有手好牽，我卻沒有！」

當時，我和春蘭睹狀，還不禁為之莞爾。如今若春蘭跟在我和式資後面，想必也會產生相同的心理效應。將心比心，我這個做姐姐的頓時愧疚起來。她的毅然搬走，我委實要負起部份責任。

思前想後，不知輾轉反側多少次才睡著了。聽到小鳥晨唱，我知道尚不到早晨六點，但我心裡不平靜，再也躺不住了，翻身下床，草草梳洗如廁，然後，就一個人跑去公園。

當我正隨著一群人，沉浸於韻律操的旋律中，忽見穿著運動衣的式資朝我奔來，我以為他也要活動筋骨，他卻氣喘吁吁地說：

「好像令尊出事了！」

「那兒來的消息，出了什麼事？」

「剛才電視新聞播報一則車禍消息，說傷者名叫陳世雄，那不就是陳伯伯嗎？」

人很多。」

「不見得！」我的心撲撲地，但我還是寧肯不信：「你不是不知道，重名重姓的

「可是，偏偏他又是高雄什麼廠的老闆呢！」

「是嗎？」我聞言驚呆了，兩條腿像被釘在那裡，略微鎮定之後我說：「那麼，早報也應該會報導。」

「走，我們回家看報去！」式資牽著我的手，奔向公園出口。這時，我腦海裡忽又浮現了在夜總會的一幕景象，心想，有個大男人牽著小手，的確感覺真好。

打開信箱，裡面空空的，我看看手錶已近七點，忽聽有人高叫「來了，來了！」我回頭一看，送報生正奔向我們。拿了早報，急忙找到社會版，果然，那車禍新聞就在頭條！式資一旁問道：

「是不是？」

我抿著嘴點點頭，接著一陣暈眩，只感到式資用力架著我的手臂，是怎麼上樓的，自己也不清楚。

喝了式資倒給我的白開水，在沙發上安靜了一回，見式資打好領帶從房裡出來，就朝他高聲說：

「走，送我到醫院！」

「小姐，衣服還沒換呢！」

我這才意識到自己有些亂了方寸。於是，趕緊進房換下休閒裝，略施脂粉，就拎著手提包和式資匆匆下樓。

到了TT醫院的急診室，看到一排擔架車中，有個小腿打著石膏，身旁的鐵架上吊著一瓶點滴。雖然沒看清面孔，但我直覺認定那就是阿爸。我快步走過去，果然不錯，只是臉龐痛苦的有些扭曲。他闔著眼似睡未睡，還不時發出痛苦的呻吟！

我左顧右盼，正奇怪是什麼人送來的，式資在我肩膀上輕輕拍了一下說：

「看誰來了？」

我猛一回頭，正和春蘭四眼相接，彼此都十分訝異。

「是妳送陳伯伯來的嗎？」式資感性地問。

「喔，碰上的嘛，不，是路上遇見的。」

「什麼時候發生的，肇車者跑掉了？」我握著春蘭冷冷的小手，見她清削的面龐更加憔悴。

「昨夜零時，我開車行經新生南路，驚見一輛計程車剛停下來，後面一輛發飆的摩托車，就把下車的陳董事長撞了個正著！」

「原來是妳護送我爸來的，那肇事者逃之夭夭了？」

「不，那青年當時飛了出去，摔在人行道上，也受傷不輕，我沒有辦法救護兩個人，就打一一九。」

絕沒想到他就是我爸爸。難怪，她沒有立即通知我。

「妳認出是我爸爸？」

春蘭搖搖頭，只說，警員在我爸口袋裡搜出名片，才知道他是長興公司的老闆。

「你剛才是出去吃早點的吧？」式資問道。

「我去派出所作證，並通知我們公司業部門主管。」

「為什麼？」我問：「與業務部有關嗎？」

「是啊！那個肇事而自己也受了傷的青年，是我們公司業務部的人。」

「他人呢？」

「警察把他帶走了。」

「春蘭，真萬分感謝妳。」我慚愧地說：「昨夜還曾罵妳無情無義，現在該跪下來向妳陪罪了。」

式資插嘴說：

「春蘭妳一夜沒睡，現在這裡的事由秋菊接手，妳該回去好好休息、休息。」

「對，請假的事由我代辦！」我機警地貼近式資咕囁著要他別讓春蘭再跑掉。

式資面有難色，猶豫片刻反過來對我低聲說：

「這裡由我照料好了，春蘭得由妳帶回去。」

我拉著春蘭跟急診室的醫師打了個照面，知道現在沒有病床，要到下午三時照X

光，然後再作考量。

走出醫院，先陪春蘭吃了早點，然後就進入春蘭的車子。我坐在駕駛座旁，轉頭一看，後座上皮箱、紙箱、書箱、衣架等，塞得滿滿的，情不自禁地感歎說：

「煩惱皆因自己找，是誰對不起妳，執意要離開我們？」

春蘭默然不語，我看看她又說：

「打從昨天下午，我就心神不寧，那顯然是不祥之兆！」

春蘭依舊只顧開車，未作任何回應。來到家門口，我怕春蘭藉停車開溜，就把她離不開的衣箱隨手提下車，春蘭只好乖乖地跟著上樓。

進了屋，我把春蘭又「訓」了一頓，然後安撫說：

「在這困難時刻，千拜託萬拜託，別再製造麻煩。妳到房裡好好睡上一覺，有什麼心結晚上再說，好嗎？」

她想接過衣箱，我說：

「這個嘛，暫時放我房裡做為擔保！」

臨出門，我把房門鎖了，再探首看看春蘭，她已被累得癱在床上。

回到醫院，周總經理和業務部邱經理，正和式資在交談，見我走近，周總迎過來向我慰問。邱經理則以肇事者直屬上司的身份連連致歉，並且拿出一個牛皮信封對我說：

「這是業務部同仁的一點心意，醫藥費和賠償問題，管理部會處理。」

我堅不接受業務部同仁所募的慰問金，但為表示領情，在十萬元現金中，抽出一張千元大鈔，表示留待爸爸進了病房之後，代訂兩束鮮花。

周總和邱經理走後，我要式資去公司上班，他堅持留下為我分勞分憂。他說：

「我已請了臨時事假。」

「請了假還是可以回去，重要的是打電話通知白阿姨。」我想了想又說：「我媽和文傑也要通知，晚上下班你也別太晚回家，說不定我媽和文傑今夜就會趕來。」

他還是要留在醫院，說是醫院有現成的公共電話。不得已我佯作不悅狀，他見我臉色難看，就乖乖地走了。

下午接近兩點，有個中年婦女過來毛遂自薦，她說做特別看護很有經驗，我問她怎樣看顧病人，而服務費又是怎麼算？

她說，從晚上八時到次晨八時算一工，每工一千元。我二話不說就答應了，正要討論如何配合的細節，忽聽阿爸喃喃自語說：

「我要看女兒，我要看女兒！」

「爸，我就在你身邊。」

爸爸微微睜開眼睛，無神地望著我問道：

「妳是秋菊嗎？那……」

「那位救您的小姐是我同事，已經回去休息了。」

「我終於找到妳了！」隔了幾秒他問道：「怎麼這麼嘈雜？」

「這是醫院，您傷的很重。」

「哦，好痛！我的腳保不住了吧？」

「腳沒受傷，傷在小腿。」

這時，兩三個醫護人員走過來，帶頭的住院醫生對我説：

「現在各病房還是沒床位，就在這裡接接看。」

「要我怎麼做？」

「接完了，去X光室照片子，家屬跟著走就是了，只有護士不在的時候，才要特別小心。」

那醫生説完了就指揮一組人開始動作，他們把點滴瓶子移開，然後兩個人緊抓阿爸的臂膀，另一個人把長長的紗布帶子，套牢阿爸右腿的腳踝上，依照口令使勁扯拉。那發令的醫生則彎著腰，在受傷的部位，摸索著脛骨和腓骨的卡筍。我猜，這與中醫師接骨的模式，大概沒有什麼兩樣。

醫護人員滿頭大汗，阿爸痛的悽厲喊叫，我則驚嚇得渾身戰慄不已。

經過一番折騰，打上石膏推到X光室。沒有多久，醫生帶我們去看顯像板上的膠片，並説接得不錯。可是有位陌生人卻悄悄地告訴我：

「那脛骨和腓骨都沒有精確對攏，鋸齒狀的裂槎，交錯重疊，十分明顯。」

「找任何醫院的外科大夫來看，也會承認不可能接得更好！」那年輕的住院大夫，面帶慍色地說。

護士則叮嚀我們，要注意那些禁忌，並給父親再換一瓶點滴。

我問阿爸想不想吃東西，他搖搖頭，說希望他現任妻子，白嬌嬌能早點來。

我茫然無助地望著病房區，不知什麼時候能有病床。阿爸又迷信這家醫院，認為權威的外科大夫多在這裡，但他們是不會看急診的。

直到晚上九點，我滴水未沾，更別說肚子空空地。事實上，我一點也不餓，緊張慌亂的腸胃都縮成一團，不但渾身是汗，而且疲累不堪。當張嫂去為我倒水時，春蘭蹣跚地走進來，阿爸恰於此時睜開眼睛，見春蘭站在旁邊，有氣無力地說：

「真多謝！」

我也看著春蘭，萬分感激地說：

「妳救了我老爸，又跟著受累，真不忍心！」

「能為妳分勞分憂，是我的榮幸，幹嘛說這些客套話？」

我再三囑咐張嫂，千萬不能讓我爸從擔架車上摔下來，又安慰半睡半醒的老爸幾句，就牽著春蘭的手走出醫院。

春蘭的轎車，在雨刷下壓著一張紙條，不用說準是違規停車的罰單。她不理會，我則趕緊取下，收放在手提袋中，她說：

「這個時候，顧不了那麼多。」

「罰款不重要，可是會影響視線哪！」

「妳幹嘛收起來？」

「我有空時去繳，難道不應該嗎？」

她沒再說什麼，車子開上馬路，轉了一個彎，就進入信義路。這時候路況最順暢，不一會兒就到了家門口。

車停了，我先下車，她卻對我說：

「晚安，明兒見！」

我暗知不妙，迅速跑到車頭前面，阻止她企圖開走。

「正在多事之秋，妳怎麼非搬走不可？」

「這是很理性的抉擇，搬開之後，我們的關係會更密切。而且，我們的心理都會健康起來。」

「我們」？是我和她，還是包括式資，顯然話頭有些曖昧。不管怎麼說，我就是不准她走。於是，跑到對講機前去按電鈴，想把式資叫下來，幫我把她強留下來。沒料到她的車子沒熄火，一轉身，車子就「呼」地絕塵而去，我望著轎車的背影直跺腳。

或許式資感到電鈴響得不尋常，神色驚慌地跑下來問道：

「發生什麼事？」

「春蘭送我回來，我卻又讓她偷溜了！」

式資挽著我安慰說：

「別難過，她很善良、也很重感情，更可貴是該理性的時候，也能果決的表現高度地智慧和勇氣。」

「她不但是我的膩友，而且，沒有她我們也不可能重續舊緣。」在電梯裡，我百感交集的嗚咽說：「她現在又成了我父親的救命恩人，而我卻像是容不下她似地，…………。」

式資好像又要問些什麼，我搖搖頭表示太累了，這會只想趕快回家休息。

來到家裡，發現餐桌上的菜飯，一絲沒動。我問式資為什麼？式資說，他總以為等會兒我就會回來。所以，一等就是幾小時。我一陣嗔怪，他笑著説，已經喝過牛奶，倒是他怕我累壞了又餓慘了。於是，在我倒在床上時，他去廚房挖了一小碗珍味營養粥，坐在床邊，一匙一匙地餵我，吃了一半，我阻止他再餵。瞇著眼渴望地説：

「你想現在我最需要什麼？」

「我知道！」

於是我閤上眼，抿了抿嘴唇，默契地迎合著。然後，萬般滿足地進入夢鄉！

醒來時，已是凌晨三點，我猛然坐起，疼惜地撫摸著他的肘臂，輕聲問道：

「把你的胳臂壓痠了吧？真對不起，我實在太累了。」

「痠一點算什麼，天還沒亮，妳應該一直睡下去。」他溫柔地說。

「我有點餓，當第二類饑渴滿足時，第一類飢渴就會感到迫切！」我瞇著眼回報一吻。

「好吧，妳燒的好菜還在桌上，我去把它熱熱。」

我笑笑，用感動的眼神看著他。當他走出房門，我緩緩地下床來，對著鏡子一照，除了頭髮蓬鬆，衣服一點沒亂！心想：他真是一個君子，發乎情止乎禮，如果他真的情不自禁，那也是很自然的事，但畢究我心裡沒有準備，「偷襲」既不夠光明正大，「強攻」也少了點羅曼蒂克。再說，我們已有「君子協定」，初夜權要在洞房花燭夜才行使呢！

我渾身輕鬆地走出臥房，他已熱好兩個菜，我說：

「夠了吧，我們隨便吃一點，還可以再睡一覺。」

他從電鍋裡，挖了兩小碗飯，又把爐子上溫熱的湯，端上了桌。於是，兩個人就像餓了三天，狼吞虎嚥地吃起來，不消片刻一小盤胡蘿蔔紅燒牛腩和一盤宮爆雞丁一掃而光。他用餐巾紙抹抹嘴巴，朝我笑笑，那癡憨的模樣，竟把我也給逗笑了。

俄爾，我想起父親這一夜不知是否能夠安眠，又想起春蘭不知投向何方，不由得撲入式資懷裡，又是一陣心酸。

「我的心肝，怎麼剛笑又哭？」他顯然心疼地說：「何況剛剛吃過飯呢！」

我抽了張化粧面紙，輕拭淚痕，感慨地說：

「春蘭怕影響我們的感情，毅然決然地搬走。若不是林美珠害了我們六年，也就不會衍生這麼多的問題。」

「這不正是一種考驗？經得起磨難的愛情才最珍貴！」

「可是春蘭多麼無辜，自從陰錯陽差被安排和你相親，就再也無法心理平衡。」

「她都跟妳說了些什麼？」

「她只透露一丁點兒，還是文傑把全部經過告訴了我。」

「那一段已經成為故事，還是一切向前看吧！」

「你倒說得輕鬆。」

「依妳看，該怎麼辦？」他微蹙著眉尖說：「我只有一顆心，難道妳要我切一半給春蘭？」

我低頭默然，隨後提出一個問題說：

「老實說，春蘭比我更可愛，如果我倆不能重逢，你會不會愛上春蘭？」

「這是個假設性的問題，我不能回答，再說若不是妳那麼執著，春蘭也未必對我有興趣。」

「為什麼？」

「女人嘛，自己得不到的就是最好的。」

「沒聽説過，我倒記得有句諺云：太太是人家的好；孩子是自己的好。」

「嗯，總之，男女都犯一種病，人家的都是好的。」

「無論如何要把春蘭接回來，這件事只有你辦得到。」

「不見得，如果我表現太積極，她反會瞧不起我。」

「也許！」我喃喃地説：「可是，如果她不回來，我會永遠良心不安。」

式資點點頭沉默不語。

「你幫我通知白阿姨和我媽了沒？」我忽然想到這一點。

「有！白阿姨那邊我要文傑轉達，因為，妳沒有給我電話號碼。」接著他問道：

「現在什麼人在看護？」

「還不是特別護士。」

「好，那就再睡會兒吧！早晨上班前，我陪你去醫院。」

式資擁著我，把我送進房間，説聲晚安就把房門輕輕帶上。

我沒有寬衣沐浴，就頹然地倒在床上，居然很快地就睡著了，醒來已是七點多了！式資把牛奶已冲好，土司火腿片和煎蛋也已上桌，正要喊我起來，我剛好從臥室出來，他大概見我睡眼惺忪，互道早安後又笑著説：

「大小姐，妳忘了洗個臉，讓冷水刺激一下神經。」我點點頭卻回他一句：

「沒過中秋節，自來水那裡會涼？」

三點鐘吃了一頓，這會兒那吃得下，喝了幾口牛奶，我們一起來到醫院。張嫂說父親時睡時醒，後半夜更痛得不斷呻吟，還不時嚷著要冰塊敷腳。

「為什麼想用冰塊敷腳？」我奇怪地問。

「骨折處他說不怎麼痛，反而腳指頭痛得有如針扎。」

「哦，那是因為血液循環不暢，腳指頭血管最細，所以脹痛的難以忍受。」式資還真像醫生，說得我和張嫂都很服氣。

「冰塊是醫院給的嗎？」我問。

「不，護士不准包冰塊，可是老先生不能睡，非要不可，我只好讓太太外面去買。」

「太太來過了？」

「來了，剛剛才走。」

這時父親已醒，一臉痛苦的表情，看了我們一眼，又微微地闔上眼皮。我走近安慰說：

「白阿姨有辦法爭取到病房，我們公司也會請權威外科大夫為您進行手術。」

父親閉著眼點點頭。式資站在一旁沒有講話。因為，父親根本不認識他，在這個時候我也沒有必要給他們介紹。

不一會，一個打扮入時的中年女人和一位高大的男士匆匆走進來，命張嫂把零星物品收拾好，說是馬上就進住病房。不用說，這女士就是父親的第二任妻子了，我主動自我介紹說：

「白阿姨，我是陳秋菊。」

「哦，妳就是秋菊。」她轉過頭問：「那位是誰？」

「我叫劉式資，是陳小姐大學時的同學。」劉式資故意騙她，我也覺得沒有對她誠實的必要。

「謝謝劉先生。」白阿姨轉身招乎那位高大的男士過來說：「郭總，這位是老闆的大女兒秋菊，那位是秋菊的朋友。」

「我叫郭延廷。」說著從懷裡掏出名片給式資：「請多指教！」

式資和郭延廷正交換名片，兩名護士進來對張嫂說：「走，去B區五F第七病房！」

幾個人護送父親來到第七病房，又抬上第三病床。我看看手錶，對白阿姨說：

「我們得上班去了，阿姨，晚上我會再來。」

下午科以上主管會報，業務部邱經理說明公司職員騎機車肇事的處理經過。會後總經理在辦公室召見我除垂詢父親的傷勢外，並說，某權威外科醫師是他的校友，已拜託他負責手術。一切費用公司負擔，在不影響公務的原則下，准我隨時前往醫院探視父親。

我回到辦公室，很多部室的主管都來慰問，我感激得說不出話來。等大家散去，我立刻跑到電腦室，春蘭正在檢視一套電腦軟體，見我跑來，忙說：

「陳伯伯轉進病房了嗎？」

「喔，是的。」我問她：「昨兒晚上睡在那裡？」

「床上呀！」

「什麼人家的床上？」

「喔，過去的室友。」

「跟人家擠一張床？」

「是一張雙層床，她睡下面，我睡上面。」

「能習慣嗎？」

「又回到學生時代似的，只是衣箱若是拿過去，還不知如何放置。」

辦公時間不便多說，我只告訴她，換個角度思考就不會鑽牛角尖兒，也比較能掌握平衡點。

她朝我淡然一笑。我無可奈何地回到自己的辦公室，要求總機破例為我接次長途電話。我認為還是應該建議媽咪來一趟，尤其是文傑更應該儘早來臺北一趟，畢究躺在醫院的人是我們的父親，而父親只有一個，不論是好或是不滿意。

不出所料，媽咪的反應出奇地冷淡。但她說在父親出院之前，會帶文傑來探視。

我問她跟劉伯伯是否住在一起？她只說彰化、臺中來回跑，話題就又圍繞著式資和我、媽咪殷切地希望我們早點決定佳期，以了卻她的心願。

我告訴媽咪，式資臺中相親的事，給我和春蘭的心理都投下了陰影，弄得式資也怪怪地。現在，爸爸又出車禍，我做女兒又不能漠不關心，凡事水到渠成，急也沒用，好在式資已經搬來一起住，精神上已給予我足夠的支持和慰藉。他的忠厚也增加了我的信心和安全感，請媽咪放一百個心。最後，我要媽咪來臺北時，先打通電話告訴我。

# 第五章　春蘭是我沉重的負擔

自從父親住進病房，一位Z大夫每天都來探視一兩次，態度和藹親切，令人十分感動。張嫂對我耳語說，別的病人他都沒有這麼關心，想必我們公司有人跟Z大夫的關係非比尋常，我點點頭表示她猜的沒錯。但是，已經將近十天了，除了打點滴，大夫沒做任何決定。骨折處嗶啵有聲，連張嫂附耳傷處，都能聽得清楚。白天，父親還能時醒時睡，夜裡幾乎痛得整夜呻吟，大夫卻說「尚在觀察中」。這意味著需不需要開刀尚未決定。

第十日接近中午，我到醫院，在門口碰上張嫂。她說，白阿姨正在病房，她要趕回去睡一覺，晚上過來。我問張嫂送紅包的傳聞，是真是假，她神秘地笑笑說：

「妳是聰明人，骨頭叮噹還要觀察嗎？」

「那麼，送多少，怎麼送？」我對這門學問，真是一竅不通。

「去大夫家，拜訪先生娘，禮到人情到。」張嫂世故地說。

我懂了，總經理打通電話，不如病家登門拜訪。於是，我勸白阿姨明天親自去Z府走一趟。

「禮物選什麼好，紅包是不是夾在其中？」白阿姨似乎也沒經驗。

我想了想，忽然有了自以為十分明智的主意，就使了個眼神，白阿姨會意，二人來到病房外，我說：

「專誠拜訪是禮貌，禮輕仁義重。所以，水果、茶葉、高麗參都無不可。」

「妳的意思，不夾紅包？」

「先送紅包，豈不污辱人家的人格，堂堂外科權威，豈會不珍羽毛？」，我很有定見地說：「對方很清楚我們的背景，當面只說治好了一定感謝再造之恩，人家就懂了。」

「妳的意思等出院時，再送個大紅包比較恰當？」

「是，是，就是這個意思！」

* * *

一連兩天沒去醫院，正要約式資晚上先去醫院再回家，春蘭卻匆匆到我辦公室來，一走近身邊就附耳說：

「陳媽媽和令弟在一樓會客室等妳！」

「妳怎麼先知道？」

「我在那裡會客，正好守衛陪著陳媽媽進來。所以，我就對陳媽媽說，我上樓通知妳。」她催促說：「公文暫時擱一邊，快下去吧！」

媽咪見到我疼惜地說：

「小菊，妳瘦了許多，氣色也不太好，是工作太忙還是為妳爸憂心？」

文傑搶著代我回答：

「除了媽咪說的還有別的原因，最好您別問。」

我白了文傑一眼，怪他總是自作聰明。一個男孩子，最好憨一點，把智慧用在思維上，這方面他輸式資多了。

「好，那麼我去看妳父親吧！」媽咪說：「妳是不是向公司請過事假？」

「不用，只要跟同事交代一下就可以啦！。」我說。

於是，我和文傑提著禮盒，三人走向停車場。剛走幾步，忽然想起要回辦公室一趟。就請媽咪和文傑在小轎車上等我。我上了八樓，先向主任報告要去醫院，又交代副科長督促各股，把下週一會報的資料準備好。然後打電話到爸爸病房，告訴白阿姨我媽待會兒來看父親。其實，這才是重點，否則，回辦公室也沒什麼必要。

來到醫院，白阿姨果然適時迴避，父親見到媽咪和文傑，面部表情似乎欣慰中透著慚愧。當然，還夾雜著痛苦和虛弱的窘相。他伸出右手，媽咪會意走近病床，握著他枯瘦且顫抖的手安慰說：

「聽說，你得到很好的醫療照顧，相信吉人天相，很快就會出院。」

父親搖搖頭，倏忽淚水盈眶。

「文傑來看你，你應該高興才是。」媽咪要文傑到床邊來，輕聲說：「跟你爸爸說話呀！」

「爸—爸；文傑沒能早些來看你，請您原諒，祝您早日康復！」

父親激動得淚流滿面，呼吸也急促起來，致使掛在鐵架上的點滴瓶子搖搖欲墜。我彎腰貼耳在父親右腿的石膏表層，清晰的聽到嗶啵作響，以致驚得心口怦怦直跳！

我凝睇著張嫂，張嫂先是搖頭，隨即神秘兮兮地把我拉到走廊，嚴重地警告說：

「妳阿姨把事情弄得一團糟！」

「怎麼說？」我急切地問。

「她不去送禮還好，送了禮，Z大夫態度大變。」她坦率地說：「不但態度變得冷漠，有時到了七號房，只跟別的病人講話，對你爸爸不屑一顧。」

「我懂了。」

「大小姐，妳真的懂了？」

「我懂了！」我的確真的懂了，我高估了這位外科聖手的醫德，也太迷信人格尊嚴說。現在，我雖然看清了人性醜陋的一面，但是下一步該怎麼做，還是非常困惑。

媽咪再次好言安慰父親，文傑也把一籃水蜜桃和兩罐奶粉擺在桌上，再度連聲祝福，在父親淚眼模糊中離開病房。

我給辦公室打了通電話，然後把媽咪和文傑接回家來。媽咪在我進住新居之初，曾經來過多次，這次來，她必感到氣氛大不相同。因為現在多了一個未來的東床快婿。暫時把一切煩惱拋開，今晚會出現一個溫馨的場面。雖然，媽咪沒有明說，但母女連心，我能猜中媽咪的心跡。途中，媽咪還透露了一個令我驚喜的消息，那就是式資的老爸、媽咪的初戀情人，也就是我那未來的公公可能也會來！俗語說，醜媳婦終歸要見公婆。不過我那從未見面的準公公，是海內知名學者，如何給他一個好印象，心裡著實有點忐忑。媽咪看我心情起伏，與文傑相顧而笑。並且說：

「妳姐好像怕見未來的公公，其實，他和你爸爸不一樣，說話既不粗俗，也不咬文嚼字，更沒半點長者的架子。」

文傑睨視著我，回答媽咪說：

「姐姐總是低估我，我今天倒要看看，她表現得是否落落大方！」

我從後視鏡裡，看得一清二楚，文傑在笑語中包藏著邪惡，他竟希望姐姐出醜，以後好落個笑柄。

「文傑，你在得意什麼，大學快畢業了，連起碼的禮貌都不懂。」我借題發揮，希望他知所收斂。

「姐，我又錯在那裡？」

「姐姐開車，你應該坐在駕駛座旁，這是常識也是禮貌，你竟大大方方，坐在後座，而且還是大位，這簡直把姐姐當成你的司機了！」

這一下文傑傻了，他看著媽咪慚愧得臉都脹紅了。

「社交禮貌、公共秩序，一般人都很欠缺。所以，國人出國到處出洋相。其實，國中國小的公民教育就已包涵這些。可悲的是上了大學的年輕人，起碼的禮節也都不懂。」媽咪打圓場說：「姐姐是給你個機會教育，希望你在社交場合，像個文質彬彬的男士。」

文傑聞言為之語塞，靠在後座如坐針氈，直到車子在門口停下來，他才猛然省悟，立刻跑到左側為媽咪打開車門。

媽咪笑笑，對文傑從善如流的表現相當滿意。

到了六樓，媽咪首先巡視一下六B客房。進入六A，又打開式資的房間探首一窺，見桌上椅上甚至床頭櫃上，到處都是成堆的書籍和資料夾，不禁搖頭說：

「男人就是男人，妳也不幫他整理整理。」

「媽咪，您忘了他現在還是我的房客，我怎麼能隨便動他的東西？」

「要是我……。」媽咪沒再說下去，我心裡想，難道媽咪跟劉伯伯在戀愛時就替他鋪床疊被？

當我們來到春蘭的房間，媽咪和文傑都有些吃驚。

「這不是春蘭姐的房間嗎？」文傑問：「怎麼，她搬走了？」

媽咪，看著我顯然急待答問。

「是的，她走了，留也留不住。」我黯然地說。

「為什麼，妳們不是好的一個頭？」文傑粗魯地問。

「一個頭兩顆心，不過我們的感情沒變。」我回答說。

「嗯，我猜是從黃家安排相親，產生了後遺症。」媽媽畢究久經世故，一猜即中。

「不會吧，那不過是人生的一個小插曲，當事人說明白了，做媒的人也就哈哈一笑了事。」文傑又滔滔不絕地說：「要不是有那次尷尬的相親，怎麼能印證好事多磨那句成語？」

媽咪斥道：

「論文采你比不上別人，耍貧嘴嘛你倒真傑出！」

「今晚，是不是也邀請春蘭過來？」我看著媽咪的臉，徵求她的意見。

「傻孩子，我判斷她不會來，除非有她媽在。」媽咪篤定地說。

下午四時，鮮花店送來兩束鮮花。六點鐘，各式餐點還有水果盤、雞尾酒的酒料都陸續送到。我一時愣住了，問媽咪什麼候訂的？媽咪說，這是劉氏父子預先計劃的，她只知道七時舉行家庭酒會，慶祝兩代歡聚。我既驚喜又不安，遂問：

「爸爸還在醫院，我們快樂得起來嗎？」

「今天只是團叙，談不上快樂。再說，我們關心妳爸爸是基於倫理，試問情義尚有幾許？」

我默然無語，也不認為媽咪變了。她總堅持愛情與友誼是相對的，誰先放射或放射多少不是重點。這就如同身體的能量一樣，如果只有透支無從補充，能量就會枯竭，人就失去了活力和朝氣。同理，感情只有放射沒有吸收，那麼，心理就會產生平衡問題，於是，相關的症候群也就衍生出來。對人對事能捫心無愧就好。人不負我，我不負人，是媽咪教我們做人的基本原則。道家主張以德報怨，孔夫子認為應該以德報德、以直報怨。媽媽認為孔老夫子說得對，所謂直者，並非以其道還治其人，但卻有著不姑息的意涵。譬如說，人家對我不義，我就不必濫施同情。別人殺我們一刀，我們也不必還他一刀，倒是可以訴之於法，由法律制裁他。但是，如果是無心之過，我認為給予寬諒，也不失為中庸之道。媽咪同意我的想法，恕道為仁義之本，只要沒有姑息養奸的負面作用，就能附合中道精神。

媽咪見我陷入沉思，誤會我對她的轉變不以為然。於是歎息說：

「妳有六年的失落，媽卻忍受四十年離愁，難道今晚劉伯伯第一次來，妳會打心裡排斥他？」

「媽，您誤會了，我和您一樣為劉伯伯的光臨，感到無比興奮。」我解釋說：「我剛才的沉默，只是回味您過去所說的那些吸收和放射的道理，而那些道理，對我也有著極大的啓迪作用。」

話猶未了，對講機蜂鳴器響了。我拿起聽筒，「喂」了一聲，就聽式資說：

「先打個招呼，我帶老爸來矣！」

媽咪注視著我，我點點頭朝媽咪笑笑說：

「式資怕我們把他老爸視為不速之客，所以，先在樓下打個招呼。」

「他老爸是妳什麼？妳該說是準公公才對。」媽咪糾正我說。

「現在連訂婚都還沒個影兒，稱公公多少有點風險！」

媽咪笑著瞅我一眼，沒再說什麼。這時從走廊到玄關有著密集的步履聲，我說：

「來了，請媽把門打開吧！」

媽咪，敞開客廳的門，霍然一位年輕的小夥子，後面站著一位身材偉岸，足足高出半個頭的紳士型長者，毫無疑問那必是劉伯伯了。但我心理上直覺的反映，他怎麼反而比兒子高大？而且氣宇軒昂，目光烱烱有神，儼然折衝樽節的外交家，與一般不修邊幅的學者大異其趣。

五個人只有我和劉伯伯是初識，媽咪說：

「文傑已見過二哥，這是我的女兒秋菊，來，拜見妳未來的公公。」

我的雙頰倏忽一陣灼熱，但內心力求鎮定，遂趨前一鞠躬，說聲：

「伯伯您好！」

「哈，妳們母女真像一對姊妹花。」劉伯伯又立即更正說：「不，我是說秋菊真像年輕時候的妳，怎麼那麼像，面貌儀態，就像一個模子磕出來的！」

我和式資驚的面面相視，媽咪趕緊解釋說：

「劉伯伯太興奮了，從來沒這麼快樂過，所以，突然變得快人快語。」

「從來！」我咀嚼這兩個字，忽然若有所悟，媽咪和劉伯伯重逢已有一段時間，顯然他們時常聚晤，才會用上這兩個字。

我沖了兩杯咖啡，媽咪說劉伯伯不愛喝咖啡，於是叫我把一杯咖啡端給式資，她則另沏了一杯紅茶，並且，還加了一小包冰糖，調好後又擠了一片檸檬汁，才恭恭敬敬地端過去。劉伯伯則望著媽咪不斷稱謝，儼然初戀情人一般。一個脈脈含情，一個情緒亢奮。我一直好奇的偷看，竟被這戲劇化的情境所深深吸引。式資俯附在我的耳鬢，輕輕提醒我說：

「不用偷看，這是模仿不來的，二老重溫舊夢，自然真情流露。來，幫我佈置一下。」

我收回了出竅的神魂，幫式資打開一個圓形大盒子，赫然是個十二吋的大蛋糕！式資從一個塑膠袋裡，倒出許多蠟燭，好奇怪，全都是白色的。不，裡面夾藏著一支紅的，相形之下顯得既粗又長。這究竟要怎麼用？正猜測間，式資把蛋糕謹慎地移到餐桌的中央，他叫我把紅燭插在蛋糕中央，白燭圍繞著插成四圈，每圈十枝。式資說：

「二老在戰亂中失散，到重逢之日，整整四十年，這四十枝白燭，象徵四十個黯淡悲苦的歲月，也代表那四十年愛情的真空。」他指著中間矗立的紅燭說：「這支紅燭，象徵二老生命之火重新燃起，地老天長直到永遠！」

「這是二老交辦，還是你的巧思？」

「當然是我的巧思，也代表我倆的祝福。」

我非常欣賞式資的孝心和巧思，但是，我猶豫了一下，只把紅色的蠟燭點燃了。式資豎起大姆指說聲「讚！」，意思是我做對了。

二老只顧著講悄悄話，根本未注意我們在忙什麼。我和式資上前一鞠躬，恭恭敬敬地請二老到餐桌入座。劉伯伯發現餐桌周圍，佈置得詩情畫意，餐桌上除了餐點，還有一個極為特殊的燭光蛋糕，一時驚奇不已，竟對媽咪說：

「這肯定寓意不凡，妳來解讀給我聽聽！」

媽咪起先似乎被難倒，但她仔細數數那白燭的枝數，便頓時了然於胸。她笑著說：

「很明顯嘛，四十支無光的白燭，代表我們那黯淡的過去；這閃耀的一枝紅燭，象徵著新的開始。式資，我猜對了沒？」

我和式資不約而同地鼓起掌來，表示媽咪解讀得很貼切。劉伯伯則自我調侃說：

「我畢究是個老學究，只知望文生義，不知觸景生情。」

「不觸景傷情就好。」媽咪說著忽然想起文傑，於是看著我說：「文傑呢？怎麼讓他一個人待在六B？」

「我會去請他，他長大了，心眼兒也多了。」我回答說。

「嘿，還有一個怎麼這麼晚沒回來？」劉伯伯顯然指的是春蘭，他知道春蘭和我們同住。

「她請假回高雄去了。」我怕媽咪說溜了嘴，趕緊扯了個謊。

「唷，大概是她爸爸病情加劇，今天沒有她在場，倒是一大遺憾！」劉伯伯對媽咪說：「妳該知道，我打心底就非常喜歡她，善良又敏慧，比她媽媽猶有過之。」

「如果春蘭做你媳婦，不知你該多開心！」

「不，不，式資總不能一箭雙鵰，我倒希望她情願做我們的乾女兒。」

大家都笑了，文傑也適時走進來，我遞給他一杯雞尾酒，又示意式資一同舉杯，為二老重溫舊夢而慶賀、祝福。二老連聲「謝謝」，並舉杯一飲而盡，歡愉之情溢於言表。

我把白燭全部拔除，劉伯伯隨即拿起切蛋糕的刀子，和媽咪合力一刀劃下去。文傑叫道：

「別慌，紅色蠟燭還沒吹熄！」

「傻瓜，今天的慶祝不一樣。」我趕緊說：「保留一個小的基座，讓紅燭一直亮著，直到蛋糕吃完。」

媽咪和劉伯伯相顧而笑，對我的細心表示滿意。在三個晚輩一陣掌聲中，完成了簡單的慶祝儀式。雖然，和慶生會比較，在氣氛上好像淡了些。但當媽咪分給每人一份蛋糕時，我帶頭唱起「幸福家庭」，這才使滿屋洋溢著和樂和溫馨。

我知道二老無意正式結婚，式資這樣做，實質上已具有宣示的意義。雖然，我們三個年輕人，還是很難改口，以爸媽或爹娘來稱呼二老。

文傑吃了蛋糕，坐在一旁似有所思，後來趁大家不注意時潛回六B。我到六B門口向裡窺視，見他坐在沙發上，雙手抱著後腦，仰望天花板。雖然，他把燈光調暗，但我能體會出他此刻的心情，必是感觸良多和起伏不平。他怨恨生父拋妻棄子，但又心繫生父痛苦無助；他樂見媽咪重拾舊歡，但他自己的處境又相當尷尬。因此，心情的矛盾可想而知。而我，很快就成為劉家的媳婦，公公也稱爸爸，媽咪也是婆婆。所以，我的感受截然不同。不過，我對文傑的駝鳥心態，還是不以為然。於是，開門進去對他說：

「感情可以分開處理，凡事不可求全。你該承認，我們的情境，要比社會上很多人幸運的多。」

「是啊！我並不糊塗，只是……。」

我又勸導片刻，就離開六B。隨即把春蘭的房間整理好，請二老入房安歇。媽咪有些猶豫，我跟媽咪咬了一陣耳朵，媽咪才施施然先自進去了。式資也把劉伯伯連請代推地送了進去。可是，當我在式資房裡聊到子夜出來時，霍然發現劉伯伯躺在沙發上，身上的薄被，有三分之二掉落在地。我心裡不禁訝異說，未來的公公還真保守，難不成是儒術的束縛使然？

「妳錯了！」我聞言一驚，式資站在背後，我竟毫無感覺。他低聲說：「老爸也需要有個調適期，就像文傑一樣！」

「你怎麼知道我心裡的疑問？」

「別忘了咱們心有靈犀一點通！」

「我那裡有『點』？」

「那就是自然通咯！」

「別再逗了，還不趕快把老爸請到房間去。」

「送去六B？」

「送去你的房間。」

「哦，對了，我去六B。」

「噓，都不必。」媽咪穿著睡袍出來：「你爸已經睡著了，若現在叫醒他，篤定再也睡不著了。」

「可是，…………」

「不知者無辜，你們沒想到他也有固執的一面。」媽咪搖搖頭說：「咱們還是各睡各的吧！」

早晨，媽咪對我說，劉伯伯上午要去訪友，她則再去醫院一趟，下午就坐火車回去。文傑說，他要一早趕回學校，以免老是曠課。媽咪想了想，就說：

「也好，反正你爸的傷，短時間好不了，寒假可以多來陪陪他。」

「把書讀好最重要。」我勉勵文傑說：「別忘了，你是爸爸唯一的希望！」

文傑臨走在我耳鬢悄悄說：

「姐，妳也別忘了幫我說好話！」

「我會的，媽也會。」

「我的意思妳只解讀了一半。」

「還有嗎？」

「幫我在春蘭姐面前多美言幾句！」

「哦，我懂了！」我語重心長地說：「還是那句老話，把書讀好最重要。否則，只有老爸才會理你！」

「遵命，我會拚給妳看！」

文傑先走，劉伯伯和式資也一起下樓，我問媽咪要帶水果還是鮮花去醫院？媽咪認為吃的東西太多，反而不易處理，還是買束鮮花較好。

當我們行經仁愛路口時，就在那家熟識的花店，買了一大束香氣撲鼻的鮮花，花店老闆娘還打趣地說：

「這束花如果是白馬王子送給陳小姐的，那我就得準備紅包了！」

「那妳就注意著點。」媽咪說：「快了，到時候請妳吃喜酒。」

到了醫院，張嫂正要準備回家，看我們來了，便迎上來說：

「我在等老闆娘來，現在大小姐來了，我也可以走了。」

「別忙，先把花換一換。」

「喔，正好，桌上的花都萎了，乾脆都換掉！」

張嫂剛出去，白阿姨就走了進來，我見她滿臉煞氣，就意識到山雨欲來。於是，機警地站在媽咪前面，希望楚河漢界各不相犯。不料，還是冷不妨，被白阿姨猛力一衝，我這安全瓣就變成了滾地薯。她指著媽咪的鼻子罵道：

「臭婆娘，妳存的是什麼心，一而再地來獻慇懃，他還是妳丈夫嗎？妳說，妳說！」

「別這樣嘛，怎好製造笑話給外人看？」我用力將她拉開，毫不客氣地說：「白阿姨妳該有點風度，不是嗎？」

「哈，妳倒教訓起我啦，好歹我是妳繼母！」說時遲、那時快，一巴掌打過來，打得我兩眼直冒金星！

她打痛了我還是小事，這羞辱之恥孰可忍孰不可忍？在情緒激動之下，我一把揪住她的頭髮，滾在地上互相扭打起來！就聽老爸在病床叫道：

「瘋了，瘋了，全都瘋了！」

「快來呀，護士小姐！」這是張嫂的呼喊聲。

頃刻間，有兩個人分別抱著我和白阿姨，並且同時叫道：

「鬆手，快鬆手啊！」

我站起來理理額頭的髮絲，才看清拉架的人，一個是白衣天使，另一個竟是春蘭！

春蘭拉著我走出病房時，剛才買的鮮花，也都掉了一地，白嬌嬌真是個瘋子，她瘋得一點道理也沒有。

這時，住院醫師跑來了，他扳著面孔說：

「從來沒見過健康的人，會在病房裡演出全武行。」

一個行動自由的病人自言自語說：

「國會殿堂都能上演全武行，實在不值得大驚小怪。」

我滿心委曲又覺得百口莫辯，就神情沮喪地跟著春蘭走向電梯。在一樓服務台和媽咪會合後，我看了看手錶，已接近十點，就藉口公司有事，請春蘭先送媽咪回去。實則我的用意是希望媽咪發揮影響力，在回家途中說服春蘭儘快搬回來，以免李媽媽知道，又要誤會了。

中午我買了一點滷味，包括媽咪愛吃的放山雞和北平烤鴨。想不到式資比我回來得更早，他買的都是廣東臘味，其中還有一包烤乳豬！

在等候劉伯伯的時候，媽咪和我都不提剛才發生的糗事，好像根本沒發生什麼事似的。但我深信媽咪心裡必然十分懊惱，懊惱自己為什麼去觸霉頭！

我問媽咪，春蘭會不會搬回來，媽咪搖搖頭說：

「我看得出春蘭的心裡也很矛盾，回來不自在，住在別處又不習慣。」

「可是，她衣箱還在我房裡，她也沒要求取走。」

「拿走了。」

「剛才拿走了？」

「是啊！」

「她怎麼打開房間的？」

「妳根本沒鎖。」

我一聽楞住了，原來早晨出門沒鎖房門。衣箱拿走了，要她再搬回來可就更難了。

中午，劉伯伯在進餐時又問起春蘭，這回再也無法隱瞞，只好說了實話。

劉伯伯聽了，沒有再說什麼，大家靜靜地吃飯。不過，在臨走的時候他對我說：

「李家只有春蘭這個女兒，她健康不佳的老爸，對她未來的歸宿非常焦慮。當然，也對含貽弄孫期待殷切。前幾天，李媽媽到臺中，還以無緣結為兒女親家而引以為憾。所以，妳千萬要幫我好好照顧她。」

「我在盡力。」我低下頭，想探索什麼，但腦子裡卻一片空白。

「秋菊，有什麼苦衷，可以向我直說，說出來比不說要好些。」

「春蘭和我極為投緣，但她也是我最大的負擔，我想，能讓我退出，反會輕鬆一些。」

二老和式資，全都錯愕地看著我。

「妳說想退出，我還聽得懂。」劉伯伯納悶地說：「妳說她是妳最大的負擔，實在不解。」

「簡單的說，我欠她的人情債太多，所以成為負擔。」

「哦，我懂了。因此，妳把式資讓給她，也心甘情願是嗎？」

媽咪情急生氣地說：

「她胡說，婚姻不是兒戲，怎可推來讓去，搞不好式資也會跑掉！」

「能捨可不簡單，這與那爭得頭破血流，相去何止千里！」劉伯伯如此說。

「二哥。」媽咪比我更沉不住氣：「你這會兒有點不對勁兒！」

「我沒變，變的是秋菊，妳不怪她反倒怪起我來？」

媽媽緊繃的神經，一下子就有如雲開雨霽般舒爽了。我也首次見識了準公公的幽默感，羞慚地低下頭暗自佩服不已。

# 第六章　阿爸養傷不忘攪局

春蘭有她執拗的一面，但對李媽媽的話，從來不敢違逆。劉伯伯和媽咪回臺中不數日，李媽媽隻身趕來臺北。一通電話，春蘭就乖乖地跑了過來。一見面，我朝春蘭眨下眼，不知她怎麼想，我可是暗示她，老媽來了，妳就沒轍了！

春蘭抱著李媽媽，好一陣子才說：

「媽，我好想妳，爸爸還好嗎？」

「妳怎麼一臉病容？我本來一肚子氣，這會兒又不忍心責備妳。」

李媽媽端詳著春蘭的面容說：

「媽儘管罵，您出了氣，我也好過一些。」

「俗語說，女大不中留，而妳卻與眾不同。上次相親，陰錯陽差產生一點小尷尬，但你姨丈手中的候選名單，不乏青年才俊，可是把人家邀進門來，妳卻不知去向！」

春蘭欲言猶止。我連忙插嘴說：

「開心果離開我們，大家都不好過。既然，我們之間沒有任何心結，恐怕只有聽李媽媽的話，才能恢復往日的歡樂。」

「對呀！把式資當哥哥看待，而妳和秋菊本來就情同姊妹。這是緣份，就像我跟你劉伯伯一樣。友情是永恒的，愛情反而最脆弱。虧妳還是個B型的人，怎麼一下子鑽起牛角尖來？」

「我心理上沒有什麼波瀾，您知道我很在意別人對我的感覺。我決心搬走，純粹是為了保持珍貴的友誼嘛！」春蘭如是說。

李媽媽沉默片刻忽然說：

「留在這裡都不自然，也許春蘭的顧慮不無道理。」

「不會，絕對不會，既然情同姐妹，彼此當然沒有戒心，也不會有什麼不便。」我急切地說：「相反地，很多事春蘭都會為我指點迷津。李媽媽大概還不知道，在公司裡您女兒的人緣兒比我還好呢！」

「噯，那我這做媽媽的，倒很值得驕傲哩！」李媽媽看著一旁靜靜的式資問道：「式資，你怎麼不表示意見，你的態度具有決定性的作用。」

「我？李媽媽，她們姐妹鬧意氣，我這第三者如何能插嘴？」式資儼然成了旁觀者。

「妳說得太嚴重了吧，我們幾時鬧過意氣？要不是……………」說到這裡春蘭趕緊「煞車」她意識到自己要說的話，可能又被誤解。因此，話到喉頭留半句。

「好了，星期天搬回來就是了，唯有住在這裡我才放心。」李媽媽作了結論，春蘭只有唯唯諾諾遵旨的份了。

我在一旁竊笑，式資忙說：「今晚我請客，李媽媽唱老歌很有鄧麗君的味道，我們先去福林吃廣東菜，然後去西施卡拉ＯＫ唱個夠！」

「你這張嘴，不輸你爸爸，不過，去西施唱歌，我這老太婆不就變成東施了？」我們全部笑了，李媽媽還蠻幽默，把漫天的陰霾都吹散了。這一晚，可以想像得到，我們玩得有多瘋。

次日，我照常上班，春蘭則請假陪李媽媽遊臺北。晚上，吃了飯匆匆趕往醫院，正巧碰上父親對白阿姨發脾氣。我不避前嫌，立即趨前勸慰說：

「阿爸，暴氣動心，不利於傷，有什麼事，等傷好了再討論也不遲啊！」

「妳懂得什麼，我畢生的心血都投注在長輿，現在她應該代我分勞，把員工的心穩住，我才能安心療傷。」

「不是嗎？阿姨一向是爸的得力助手，您大可放心。」

「放心？她趁我生病，任意調度頭寸，更動人事，以致員工人心浮動，營運出現危機。妳說，我如何放心得下？」

「您怎麼知道？恐怕不是事實。」說這話時，我特別注視著白阿姨的表情，但她工於包裝，使我無從捉摸。

「唉——！」父親痛苦又無奈地喃喃自語道：「我是自作孽，一切憑她良心吧！」

白阿姨見父親痛苦地闔上眼，揹著皮包掉頭就走。我追出去婉言勸道：

「不要跟病人嘔氣，我知道您受了委曲，但既是夫妻，就應在困難時刻多點包容，阿姨，妳說是嗎？」

「我南北奔波，已經心力交瘁，他卻懷疑我趁他住院獨攬大權，甚至隱指我是別有企圖，妳想我能忍受嗎？」

「既然沒有怎樣，待爸爸出院自會認錯，這個時候棄他不顧，日後恐怕有理也說不清。」

「管不了那麼多，我為他付出太多，現在也應該為自己想想了！」說完了，氣呼呼地登上計程車，一轉眼就消失在夜幕中。

這時候王副廠長挾著公事包和禮物，迎面而來，他見到我招呼說：

「嗨，大小姐您好！」

「王副廠長是搭火車來的嗎？」

「對，開車太辛苦，搭火車還可以在車上養養神。」

「廠裡的事，實際上是你在一肩挑，辛苦啦！」

「廠裡的事不談也罷，董事長動手術了沒有？」

我搖搖頭。

「上次我來，張嫂偷偷告訴我，醫院當局有意在拖，準備安排在寒假前，讓外科學生臨床見習呢！」

我一聽就氣憤填膺地說：

「傳言竟然不假，不先送紅包，就讓病人活受罪，最後還當成活教材！」

「不必生氣，他們有他們的如意算盤，我們也不妨見招拆招！」

「轉院？」

「不，以董事長的傷勢，轉到任何大醫院，都要開刀打鋼板。」王副廠長緊蹙眉頭說：「醫界的朋友告訴我，開刀最大的風險是病人發燒，手術若不順利就得把小腿鋸掉！」

「這麼說，風險還是很難預估？」

「不錯，所以，我主張改請中醫接骨。」

「中醫水準不一，我們能找到可靠的接骨師嗎？」

「據說，東區有一家名氣很大，不妨請來看看，如果有把握接好就出院，沒有把握再作考量。」

「好，就這麼辦，請先到病房來吧！」

他考慮片刻說：

「這點補品，您先拿進去，護理人員若認為不適宜，就不要給董事長吃。」他看了看手錶說：「事不宜遲，我這就走一趟，可能的話，今天夜裡就行動。」

我點點頭表示同意，在目送他搭上計程車時，心中對這位年輕有為而忠心耿耿的副廠長，由衷的感佩。

入夜不久，父親吵著要冰袋敷腳，張嫂正欲到醫院福利社去買，護士小姐進來說：

「大夫交代，絕對不可用冰，請別為難我們好不好？」

「豈有此理，把我困在這裡二十多天，大夫打算怎麼樣？若要我自殺，我不如回家料理後事！」父親痛苦地嚷著。那條包了石膏的腿，好像震動得有些扭曲。

晚上十時許，四個壯漢跟隨王副廠長匆匆進來，有個胖胖的長者，經過介紹，才知道他就是臺北市知名的接骨師。他問了一些細節，又扳著父親右腳端詳了一番，於是很有信心的說，可以恢復到八成的程度，但儘可放心，絕對不致殘廢。

「那麼就趕快行動吧，夜晚能不能辦出院手續？」我緊張地問。

「只能偷溜，事後結算住院費用。」接骨師根據經驗如此說。

「王副廠長，您認為妥當嗎？」

「似乎別無選擇！」

於是，徵得父親的同意，就把救護車上的擔架取來，大家手忙腳亂地把父親移上擔架，迅速抬出病房。我正要向值夜護士打個招呼，她已警覺情況有異，慌張地跑來阻止，又近似哀求說：

「這樣溜走，大夫會追究我的責任的！」

「小姐，一切費用明天結算，您就行個方便吧，如果醫院炒妳魷魚，我負責給妳另找出路。」我進而請她諒解說：「您很清楚，我父親在這裡苦挨了這麼久，主治大夫沒告訴我們，那天動手術和手術的成功率是多少，我們只好到別處去碰運氣了！」

護士小姐滿臉同情加無奈，只呆呆立在病房門口，儼然放錯地方的石膏像，我把特別看護的工資結清，禮貌地謝謝張嫂，並請她安慰那位運衰的護士小姐，隨即搭電梯下樓，急奔停車場。只聽王副廠長緊張地說：

「快，快，快，等警衛出來阻止就麻煩啦！」

救護車一路鳴笛，我的車緊緊尾隨，左彎右轉不消片刻就到了接骨所。突然，診所燈光通明，有兩位助手已先期作了準備，擔架從車上小心翼翼地抬下來，四名大漢將父親又搬上了長方型的木製枱，迅即拆了石膏，進行X光照相。接骨師看了膠片，指示助手在父親右腳踝處套上棉繩，緊接著接骨師就位，以手緊握骨折處，命兩位助手壓住父親的雙臂，又命另兩位助手合力拖拉。接骨師則一面發號施令，一面摸索斷裂的脛骨，試圖對正接合。只見扯繩索的人，使盡全力猛拉，父親痛得大聲呼號，汗珠淚水一顆顆從額頭、眼角滾落耳根。式資眼見TT醫院的一幕重演，驚得面如土色，我則四肢癱軟，偎靠牆壁，心口砰砰劇跳！

費了大約半小時，接骨師也滿頭大汗，深深吸了一口氣說：

「躭誤太久，筋胳已經收縮，斷裂的脛骨和腓骨，無法完全拉開接合，看情形也只能做到這個程度了。」

「現在怎麼辦，師傅？」我焦急地問。

「隔壁一家小旅社，可以打個商量，先租半個月，以便每天觀察換藥，如果家屬同意，我就派人去接洽。」

我看式資點了頭，於是，我也表示同意。

接骨師把藥膏塗在脛骨的外層，然後包了藥布，再用竹片夾起來，就這樣算是告一段落。四個大漢又用擔架，將父親抬入隔壁旅社，二樓的一個小房間，接骨師又介紹了一個男性工讀生，擔任看護工作。我和式資安慰父親一番，就拖著疲憊的身子開車回家，在車上看看手錶，已是凌晨二時！

一開門，春蘭就迎上來，問道：

「怎麼樣，陳伯伯什麼時候動手術？」

「偷偷出院了，再待在那裡會成了祭品！」我回答說。

「出院了？該是轉院了吧？」

「不，也對，轉到中醫接骨診所去了。」

「哦，有把握嗎？」

「不敢說，過幾天就知道了！」我癱在沙發上有氣無力地說：「妳幹嘛不先睡？

我們好疲憊，大家早點就寢吧！」

於是，互道晚安，各入各房。

此後，我每天下班一定先去松山，有時一個人，也有時要式資陪我去。父親侷促在小旅社的臨時病榻上，每天服藥三次，換藥一次，似乎不像在TT那麼痛苦，但他說骨頭還會「叮噹」。接骨師說，把竹片再紮緊一點，或許有助於固定，等到新生筋胳裹緊裂骨，就不再「叮噹」了。

半個月又過去了，接骨師除了換藥，不再多言。我們的信心也由動搖而崩潰。工讀生看護游小弟說：

「聽說，松山地區真正高明的接骨師，是一位八十多歲的黃老先生，何不請來看看，聽聽他的說法？」

「兼聽則聰，游同學的意見，值得一試。」式資表示贊成。

就這樣，我們把黃老先生秘密請來，他仔細觀察了一下說：

「還是有救！」

「您的意思是可以接好是嗎？」我急切地問。

「對！」

「那為什麼名氣很大的接骨師，卻又耗掉半個月的時間，仍然白費力氣？」式資困惑地問。

「接骨，要先把骨頭拉開，而拉開斷裂的骨頭要得要領。他們一開始就是拉皮拉肉，骨頭並未真正拉開。」他進一步解釋說：「陳先生右小腿的脛骨和腓骨全都撞斷，脛骨也並不是橫斷折，而是斜裂折，若不能上下左右完全對準，就無法使之固定，明白嗎？」

「哦，明白了，那就請您發發慈悲吧！」我興奮地說。

老先生皺了皺眉頭說：

「同行又都認識，我怎可搶人生意，傷害彼此感情？」

「救人比義氣重要。」式資說：「我們先搬出旅館，就說到別處去治療，然後再去您那裡如何？」

「乾脆就住到家裡，請黃老先生每天出診，車資我們負擔。」我提議說：「時間不必固定，原則上每天晚上去一次，這樣不是更好？」

「對，你們住那裡？」

「新生南路信義路口！」我說：「我這就寫地址和電話號碼給您。」

「那好極啦！」黃先生高興地說：「你們招救護車，今晚搬出旅社，我明天一早就去。」

晚上九時許，我到安安去見接骨師，表明要結算治療費用，那接骨師心裡明白，也很客氣說：

說：

「對不起，使妳失望了，只收成本費五萬元。」

我也表現風度，外加了五千，旅社和游小弟的費用也結清了。游小弟哭喪著臉子

「我就知道，離開旅社你們就不用我了！」

「那麼你就跟著過去好了，你的表現我們很滿意。」我立即改變主意說：「像你這樣的好學生，我們還真願意把病人付托給你呢！」

游小弟聞言臉紅了，也高興地笑了，於是收拾什具，靜候式資帶救護車來。

第二天，我沒有上班，八時後打一通電話給公司，接著通知高雄的白阿姨。十點不到，黃老先生就來了。他帶了一個小皮箱，進入六B臨時病房，一件件取出工具，像紗布、小刀、連結竹片、藥膏等。我心裡納悶，怎麼未帶繩索，那種令人印象深刻的「醫療器材」？但我不便啓齒，也不敢隨便插手。

老先生讓父親放鬆心情，平直的躺著，他則用剪刀把腿上細紮竹片的紗布條剪開，又慢慢地拿掉粘附紗布的竹片。只見他蹙眉搖頭喃喃地說：

「夭壽（該死的）紮卡緊，皮膚都派氣（壞）了！」

我從老先生背後看去，敷了藥膏的上下兩端，各有兩個潰爛見膿的小坑。顯然這是細紮打結的位置，由於壓力點太強，致使血液循環受阻，才造成皮膚潰瘍，如果再拖上一週，恐怕真的難逃鋸掉的命運！

老先生細心地剝除水份已被吸乾的藥膏，父親身軀稍動，就可聽到骨折處，發出那既熟悉又令人驚悚的聲響。

「接骨時想把斷骨拉開，如果不得要領，再多的力氣也沒用。」他一手緊捏腳踝部位，另一隻手握著膝蓋的關節，他說：「妳看，我一個人的力量就能辦到！」

雖然說時輕鬆，但老先生額頭還是冒出汗珠。因為，脛骨不是橫著折斷，脛骨和腓骨要同時拉開，而且，要精確對準卡笱，實在不易。但，老先生畢究做到了，真教我既驚訝又佩服！

老先生小心翼翼地在骨折表皮四週，塗抹半尺長，厚約三毫米的藥膏，然後以粘附紗布的竹片予以包紮。更令人驚奇的是，全部過程父親未曾叫痛！他滿意地說：

「不會讓你們失望，這藥膏能產生一種抓力，可幫助骨頭固定，陳先生半小時後，就能明顯地感覺到。但是，仍須平臥，扶持大便時，要特別小心。」

我一再稱謝，並先付了他貳萬元，作為出診交通費。他留下四包口服藥，叮嚀早午晚及夜間十時各服一包，以幫助安神。臨走他說：

「我每天下午不定時來換藥一次，二十天就能下床，將來骨折處會有線狀的筋絡纏繞著，比完好的骨頭還要結實。」

「復原後，脛骨本身能否癒合？」我問。

「那是不可能的，骨折處只是被筋胳緊緊地細在一起，將來……，」他低聲告訴我，將來壽終入土，皮肉腐蝕了，骨頭仍會分散開來！

我點點頭，表示又增長了一項知識。

送走了黃老先生，我交代工讀生游小弟，千萬別讓父親發脾氣，他問我要怎樣做，才能使董事長不會發脾氣。

我告訴他，除了照顧飲食、服藥，大小便要細心謹慎之外，夫人來時，可以告訴她一切治療上的轉折，就是不能讓他接近父親。另外，有個王副廠長也得囑咐他別談公事。

「我怎麼能阻止老闆娘見董事長？」

「喔，那麼接骨的詳情不必具實告訴她，就說接骨師禁止最近幾天任何人和董事長講話。」

「我懂了，一切遵照大小姐的意思做。」

我午後回公司一趟，我們主任說，總經理命他代表公司去慰問父親，不知何時恰當，我除了表示感謝，想了想說道：

「等骨頭固定了較好。」

主任點點頭，從抽屜裡拿出一個厚厚的封套，他說：

「這十萬元慰問金，妳先拿去應急，將來公司還要善盡道義上的賠償責任。」

我說，公司的情義我領了，慰問金也不必送這麼多。主任則說，我們是數一數二的企業機構，老闆不能太小氣。

「那位肇事的職員呢？出院了嗎？」

「已經出院，但腦神經組織受損，如頭痛、反應遲鈍和健忘等後遺症，恐怕永遠無法消除。」

「那表示他將永久失業了！」我不禁深為惋惜。

晚上，父親進食時說是想見春蘭，我告訴他春蘭可能還在路上。及父親進食完畢，六B的門自外打開，果然是春蘭回來了。我招招手，要她到父親身邊。

「李小姐，妳回來啦！」父親伸出手來，春蘭也趕緊把手伸過去，父親握著她的手說：「在我心裡，妳不但是位俠女，而且，冥冥之中我們有父女緣，大概前世妳是我的女兒吧！」

春蘭羞澀地笑笑。

「也許我不配做妳乾爹。」父親試探著說。

「那是我的榮幸。」春蘭說：「不過我有個條件。」

「說說看，什麼條件？」

「安心養傷，在痊癒之前，絕對不發脾氣。」

「這我能夠做到，等我傷好後，一定幫我的兩個女兒，找個很好的歸宿，而且，現在有了腹案。」

我和春蘭都錯愕不已。春蘭急忙說：

「秋菊姐已經有了心上人！」

「噯！我怎麼不知道？」父親接著問：「那麼妳呢？」

「…………。」春蘭欲言又止。

我使了一個眼神，要游小弟好好照護病人，我拉著春蘭走出來說：

「請別認真，我們做飯吧，我實在很餓了！」

「對，式資哥大概也快回來了，我們就炒個青菜，把冰箱裡的炸雞塊和滷味，放在微波爐熱熱就可以了。」

這天晚上，式資精神不佳，大概是工作壓力太大，一直沉默不語。我聽了父親那番話，心頭也異常沉重。於是看完了電視新聞，就各自回房了。

在就寢之前，我去敲式資的房門，他應聲說：

「請進來，門未鎖。」

我把房門推開，見他正審閱一本類似計劃案的東西，遂問：

「會不會擾亂你的思考？」

「沒什麼重要，坐下來談談吧！」

「中秋節到了，我們得計劃一下了。」

「春蘭想必得回家和父母團聚，剩下來就是我倆的問題了。」

「對，如果我爸不在臺北，媽咪和伯伯，都可以請來臺北過節，現在這種情況該怎麼辦？」

「妳阿姨一定會來，她也不便離開。」式資想了想，忽然有了主意：「我們在飯店訂一個好的房間，讓兩位老人家住飯店。我倆先在這邊陪陳伯伯吃中飯，晚上去飯店和兩位老人家吃團圓飯。」

「過節住飯店，那好嗎？」

「只有這麼安排，難道妳有更好的主意？」

「沒有，不過我們得事先提出建議，總須兩位老人家同意才行。」

「對，明天就該打電話回去商量。」

「那麼文傑若來住那裡？」我忽然想到文傑。

「文傑？睡他自己的房間。」

「和爸爸的臨時病房對門，會不會使他精神緊繃？」

「傻大姐，他們畢究是父子關係，如果刻意疏遠，文傑又豈能心安？」

我笑了，承認自己頭腦不如式資。

「早點睡吧，日本流行勞死病，我們應該警惕，要把生涯標竿放遠一點，我希望你跑萬米不要跑百米。」說著我在他面頰上輕輕一吻，他滿意地笑笑，那憨相真的好可愛！

中秋節當天，白阿姨一早就趕來臺北。據游小弟説，她九點鐘與郭延廷總經理相偕來到我家。郭總精神奕奕，夫人則珠光寶氣，都不像是搭夜車來的。一進門，郭總儘說些阿諛奉承的話。並且，自稱身兼廠長責任所在，一直未敢擅離工廠，儘可能讓夫人有機會多來探視董事長。夫人則不斷誇讚郭總如何能幹，自始至終未問董事長病情如何，也沒問有什麼需要。我聽了淡然一笑，心中卻十分感佩這位夜大一年級的工讀生，竟看透成人世界的虛偽和奸詐。

「我爸的反應如何？」雖然我能想像得出，但我還是問了。

「董事長，只是眼皮微微跳動，始終未説一句話。」

「後來呢？」

「半小時後，夫人説要和郭總出去買點應節的禮品，中午回來和董事長一同過節。」

「董事長還是沒有講話？」

「是的，但她們走了之後，董事長拿起保溫杯，朝著門口摔去。」游小弟深深吸口氣説：「我怕董事長盛怒之下，繼續摔東西，使腿傷的治療前功盡棄，趕緊騙他説小姐回來了，請別讓她看出您在生氣。」

「後來呢？」

「我給他服了一粒安靜劑，正好接骨師也到了，換了藥，董事長就平靜地睡到現在。」

「中午夫人和郭總沒有再來吧？」

「有，帶來一籃水果和一個飯盒，像是烹飪好的菜餚。」

「董事長吃了沒有？」

「我說董事長未醒，阻止他們進去，過了一會兒他們就不辭而別。」

「對，對，對極了！」游小弟年紀雖小，卻能如此機智，我怎能不由衷地給予肯定。

見他受寵若驚的樣子，就更加疼惜地說：

「這些天可真把你累慘了，今日是中秋節，你該回家團圓。」我看了看手錶，已是下午三時，便從手提包取出一萬元塞在他手裡，並且說：「這不是工資，是我贈送的獎學金，回去跟寡母好好過個團圓節。明天，不，後天再來。」

他竟拒絕我的贈金，說是受之有愧，我好說歹說他才收下。臨走，我把白阿姨帶來的水果籃，給他一併帶回去孝敬老母，他連聲稱謝，並提醒我董事長還沒吃午飯。

游小弟走後，式資來電話，告訴我已將二老接到福林飯店。我也告訴他，春蘭從公司直接南下，我又給了游小弟一天半假，晚上不能一起吃飯，但文傑必須過來。

可是令人意外的是，白阿姨和郭總未再出現，晚上只有我和文傑守在父親房裡。我中午請附近一家川菜餐廳，外送四樣名菜，言明勿放辣椒。這四樣菜全都是父親愛吃的。於是，我回鍋以後，又做了一個玉米蛋花湯，舀了一小碗，擺在餐盤，放在父親床邊慢慢餵他。他顯然心有所感，咀嚼食物時潸然落淚，淚水由眼角沿著耳鬢，一直流到枕頭上。

「爸，這樣會影響消化，您不是希望早點站起來嗎？」我以柔和的語氣安慰他。

他只吃了一半，再也嚥不下去了。我以眼神暗示文傑過來勸勸父親。豈料當文傑剛接觸父親枯瘦的手，他老人家更加悲傷得老淚縱橫。並且，激動得連身軀都在震動。我真的嚇壞了，慌亂中，想到擰個毛巾把兒，敷在他的前額，究竟是否有效我也不懂，數分鐘後，父親平靜下來。他以低沉的語調說：

「這是一個不尋常的中秋節，內心似乎結了冰塊，又似乎湧出一泓溫泉。爸爸給你們的太少，你們卻不吝於回饋。」他歎息說：「應該感恩的人，卻可能正在進行著一項大陰謀！」

「其實這正是您哈哈大笑的時候。」

「嚄？………」

「不是嗎？您現在比任何時候都清明，那外表恭順，心懷不軌的人，再也無所遁形！」

「喔，說得對！」父親真的笑了，臉上的陰霾一掃而空。

我知道他還要發抒感懷，甚至又會不由自主地愧悔交併、淚洒病榻。因此，趕緊把話題岔開。

稍後我說：

「爸，想吃月餅嗎？」我注視著一張電影海報說：「包青天或許也正在吃月餅呢！」

「包青天是宋朝人，那時候有月餅嗎？」

「我是說，那位飾演包公的演員，可能正在吃月餅呢！」

這一下，父親真的被逗樂了。我怕他忘了腿傷未癒，故意俏皮地說：

「當心，您的右腿會向您提出抗議。」

「我知道，今天上午老師傅告訴我，再過幾天就可拿掉竹片，那時候會更舒服些。」

「是的，他曾說過，保證二十天骨頭就可固定，四十天就可走路。」

「真是不幸中的大幸，我這條老腿還能保住，多虧你姐姐。」父親看著一直沉默不語的文傑說：「好孩子，爸爸今後會好好補償你們。」

「接骨老師傅是游小弟推荐的，他是個失怙的孩子，品學兼優，爸爸應該感謝的是他。」文傑說這話，顯示他很有同情心。

「好，我不但要幫助他，我也認他為乾兒子。」

「我和他很投緣。」文傑看著我說：「姐姐送他一萬元獎學金，他母親一定高興得不得了。」

父親聞言忽然沉默，文傑的話，準是勾起他對母親的愧疚和悔恨。

我打開窗子，天空浮雲掩月，一片黯淡，父親問我說：

「今晚月亮怎麼樣？」

「花好月不圓，天上人間同樣缺了詩情畫意。」

「說到花，我倒想起，『好花當折直須折；莫待無花空折枝』那句舊詩。」

我當然明白父親這話的意思，所以沉默以對。

「妳和春蘭，都有很好的學歷和工作，現在應該認真考慮終身大事啦！」

「現在不像從前，十七八的姑娘就急著出嫁。」

「可是，妳已近三十啦！」

「爸，您安心調養，等您重新拾回健康，就準備做主婚人吧！」

「妳心裡的如意郎君，就是那個外省第二代的劉式資？」

「您認為他不配嗎？」

「一個博士，下嫁只有學士學歷的人，似乎……」他停頓一下，改口說：「至少嫁個碩士才差不多。」

「依您的意思，我乾脆找個超博士不是更理想？」

「良緣佳偶可遇不可求。在爸的圈圈裡，有個青年有為的碩士和妳很相配。」父親直截了當地說：「我看劉式資和李春蘭倒是很相配，妳若牽成他倆的婚事，結果會是好事成雙，對我來說也就了無遺憾！」

「式資和春蘭相過親您知道嗎？現在又住在一個屋簷下，如果他們有緣，那還需要我來撮合？」

文傑突然插嘴說：

「春蘭姐絕對不會搶人家的男友，他們那次相親，是親友在不知情的情況下，錯點鴛鴦譜！」

「文傑，這件事你倒表現了細膩的一面。」我說：「有過那次誤會，春蘭一度想要永遠與我們斷絕往來。」

「我明白了，一個善良的女孩子，絕不願讓人家誤會她橫刀奪愛。」老爸說完了還不停地點頭，表示由衷地欣賞春蘭。

「爸，您遣詞用語不當，橫刀奪愛一詞沒有人用在女孩子身上。」

「哈，爸爸沒有把書讀好，這也就是我為什麼比較重視學歷的緣故哩！」

「人家劉式資是公司不放他，否則，他要搬回兩個博士學位，也不成問題。」

「好了，好了，我是希望妳和春蘭能兩全其美，爸爸出發點，絕對是善意的。」

「怎樣兩全其美？」

「王副廠長忠勤淳厚，且具有碩士學位，我的工廠如果沒有他，現在就垮定了。受傷之前我就有意要妳接班，而他正是妳理想的牽手和搭擋。」父親終於托出他的如意算盤。

我知道父親的個性，此時不宜和他爭論，於是我說：

「一切都等您恢復健康再說。」我加重語氣說：「您過去從來不曾重視媽咪的存在，現在您不妨聽聽她的意見，希望我們父女對這件事，都能尊重媽咪。」

父親最愧疚的事，莫過於捨棄賢妻另結新歡。所以，我打出媽咪牌，父親就像洩了氣的皮球。不過，他凡事總是有後見之明，在後果顯現之前，他一貫地先入為主、自以為是。這件事他必然想不通，為什麼他這面面俱到的想法，首先就遭到女兒的抗拒？

疲倦的父親帶著失望的苦情昏昏入睡。我叮囑文傑留在病榻小心侍候，如果爸爸找我，就說我到公司查勤去了。

我搭計程車到了福林飯店，一下車正好碰上式資在一樓大廳的入口處。我問他在等誰，他說：

「等妳啊！」

「你怎麼知道我會過來？」

「我剛打電話回去，文傑說妳出去了。」

原來如此，我高興地挽著他的手臂邊走邊問：

「二老在房間嗎？」

「不，在咖啡廳。」他指著一道S型步梯說：「就在步梯後邊。」

我倆走到咖啡廳接近觀景窗前，媽咪向我招手，我趨前向二老一鞠躬說：

「祝伯伯媽咪佳節愉快，失敬的很，我沒有買禮物。」

「坐，這邊坐，人來禮到，妳媽剛才還唸叨妳呢！」

「看，這裡有月可賞，輕鬆一下吧！」媽咪說：「文傑在照顧你爸爸是嗎？」

「是，放游小弟一天半假，他的工作交由文傑代理。」

我一轉身發現式資不見了，就悄悄地問媽咪。

「看，說到他人就出現了，你們還真靈犀相通。」劉伯伯看著兒子走過來，高興地說：「我們兩代今晚真可說是月圓人也圓。」

式資坐在我身邊，攬著我的肩膀說：「我爸童心未泯，所以，看起來還很年輕。」

我藏在媽咪側背，偷窺劉氏父子，真的印證了式資的話，劉伯伯的神采和式資一樣煥發，幾乎比實際年齡少了二十歲！

媽咪也開心地說：

「全臺北只有這裡的月色最美。」

的確，這家飯店別具巧思，設計裝飾一面巨大的投影牆，而採用的投影畫面，使顧客宛如置身真實的湖畔。尤其那皎潔渾圓的月亮，在美麗夜景的襯托下，真令人有如夢如幻的感覺。

我對式資說：

「外面的天空是陰沉沉的，很多人卻不知道到這裡來賞月。」

「飯店不敢做宣傳，否則，大門會擠垮！」式資望著大廳說：「你看座無虛席，連臺北的老外也都趕來湊熱鬧。」

「今夜這咖啡廳會不會加成收費？」

「基本消費額是平日的二倍，妳說呢？」

「會動腦筋的生意人，永遠不怕顧客不上門。」

劉伯伯見服務生端來各式月餅，問我們喜歡吃那一種，我和式資不約而同地說：「太陽月餅！」

「有嗎？」劉伯伯問服務生。

「有，只有我們這兒才有。」那服務生指著盤中一角說：「看，有嫦娥奔月皮面的，就是我們飯店自製的。」

媽咪動手拿，每人面前各放兩個。

「水果、飲料，請各位自己到長桌去選取。」服務生又說：「十五樓夜總會另有月光舞會，那裡的情調才羅曼蒂克哩！」

我們兩代珍惜團圓，所以吃了月餅，就在我的建議下，又帶了些許切好的水果，到九樓二老投宿的房間。

我這位準公公雖是海內外知名的學者，但他的平易風趣使我感受良深。而式資相較之下，就顯得木訥多了。劉伯伯一坐下來就談笑風生，帶動了趣味話題，也營造了溫馨的氣氛。

我情不自禁地提出隱藏在心頭已久的問題。

「聽說伯伯小時候，常到我外祖父家裡和舅舅一起溫習功課。但您一進門，總是趁別人不注意時才脫鞋子。脫了鞋，又跪著移動身子，直到接近茶几，才坐定下來，那究竟是怎麼回事？」

「這個問題嘛，說起來很糗，不過怎麼由妳提出來？」他說這話時，眼神微睨著媽咪，媽咪卻以手掩口，低頭竊笑。於是，劉伯伯若有所悟地說：「哦，我明白了。妳媽背後常醜化我！」

「就當作講古嘛，您跟我媽有趣的童年往事，恐怕不只一籮筐，不僅我愛聽，式資大概也有興趣。」

式資沒說話，但以微笑回應。

這個中秋夜兩代同室，劉伯伯本即心情特別愉快，經我挑起新話題，又有媽咪敲邊鼓，終於「從善如流」講起古來。

他說他們劉家本來相當富有，劉伯伯的父親原是上海公共租界，一家飯店的老闆，因另外一項投資失利而致飯店易手。更不幸的在他十二歲時父親因病逝世。十三歲劉伯伯投靠旅居天津的伯父，插班市立第一國小四年級，與我舅舅成為同班同學。那年是民國三十二年，也就是八年抗日戰爭的第六年。當時我外祖父一家三代，全都住在天津。因為外祖父是日本民團的醫事主任，相當於現在中級公務員。所以，配住在日本人集居的高級住宅區。他說，那條街全部是三層樓房，一樓都是日本人的商社或店舖。我外祖父全家住在三樓，客廳鋪著榻榻米，劉伯伯每次去就怕脫鞋，但鞋子又非脫不可。

「伯伯為什麼怕脫鞋？」我始終不解地問。

「我穿的襪子，總是前後開窗。所以，拉開紙門，我只好跪著蠕行，直到接近作功課的茶几才停。」原來如此，我幾乎忍俊不住地笑出聲來，劉伯伯卻神情自若地說下去：「你們生活在這幸福的時代，很難想像我當時的窘相。那麼，為什麼襪子破到那個程度還要穿？答案很簡單，一是那時的襪子質料太差，再就是經濟問題了！」

「我還記得在溫習功課時，您總是偷看我的繼母，當時我還氣你…………。」

劉伯伯聳聳肩，笑著說：

「妳以為我在窺美？」

「是啊！我繼母那時才二十幾歲，是出名的美人胚子。她喜歡坐在近窗的沙發上打毛衣。」

「我每次去，幾乎都看到她在那個位置，令我印象最深的是她的打扮很時髦。燙捲髮、塗口紅，夏天常穿玫瑰色單件式洋裝。記憶中好像腳上穿的，還是長及膝蓋的絲襪子。」劉伯伯辯解說：「小孩子好奇嘛，妳那位繼母的確很漂亮，不僅當時的北方婦女土的不能比，後來發現就是現在的時髦婦女，也少有那種氣質。」

劉伯伯話匣子一打開就滔滔不絕，式資端著水果盤，先送到媽咪面前，再送到劉伯伯面前，似乎暗示我那準公公該吃點水果歇歇了。

劉伯伯吃著洋香瓜，仍談興不減，媽咪望著式資說：

「式資，別掃你爸爸的興，他今天雖光講些陳年往事，連我也有新鮮感呢！」

「記得，那時妳外公很英挺，斯文儒雅又和藹可親，我非常仰慕他的風采，對他的穿著也感到好奇。」

「妳外公不但儀表不凡，而且熱愛自己的祖國，還經常誇奬劉伯伯品學兼優，是我們的好榜樣，但妳伯伯為什麼對外公的穿著很好奇，我就不明白了。」媽咪望著劉伯伯對我說。

「那時，日本紳士穿西裝不打領帶，把白襯衫的領子向外翻，這種方式其實蠻好的，夏天比較涼快。問題是，有些人上身著西裝，下身卻配以黃嗶嘰軍褲，顯得不軍又亦軍亦民。中國人看來很特別，而令尊也是那種裝束。後來我猜想，那種穿法，正是凸顯軍事機關文職人員的特徵。」

「那時我們都小，其實我也不懂，你猜的大概不錯。」媽咪的談興也被激發出來，她說：「還有一件事令我印象深刻，戰時日本中學的男生都穿軍服、打綁腿和日本陸軍的裝扮一模一樣，連書包也像軍人的背包。中國人則是小學生穿制服，中學生穿長袍、西褲，冬天圍著毛圍脖兒，戴頂少爺型的禮帽，肘腕間夾著用書帶扣好的課本。在中國人看來很瀟洒，而在日本人看來也許蠻鮮的。」

「再說日本中學生與中國的中學生，當時可真是強烈的對比，他們是雄糾糾氣昂昂，咱們是文質彬彬、弱不勁風。」劉伯伯回憶說：「有一次我們三個小鬼，在上學的路上，跟在兩個步伐齊一的日本中學生的後面，學著抬頭挺胸、邁步前進。經過一家日本商社時，一個大約六、七歲的小孩，以為我們在譏笑他們的大哥哥，就像瘋了似的，指手劃腳罵我們『八尬鴨鹿』，並且呼叫大人抓我們關起來。那個小鬼的瘋模樣，至今想來，還印象深刻。」

「那次有我嗎，怎麼我一點也不記得？」媽咪說：「除了去逛百貨公司，幾乎都是你跟我哥一道走。」

「妳呀，記性實在不好。」劉伯伯說：「難道妳忘了，每次放學都是我們倆到市立第五去接妳？在回家的路上，我們倆併肩在前，妳這小不點兒就默默地跟在後面。」

「就是這樣，我們同學都譏笑我說，王文芝成了廣北的跟屁蟲！」

媽咪不好意思地說：

「廣北是什麼意思？」我好奇地問。

「市立第一小學就設在廣北，廣北是個地名，市一本是私立小學，名字就叫廣北小學。」

「原來如此。」我又問道：「剛才您說那個日本娃娃喊著要抓舅舅和伯伯，結果怎麼樣了？」

劉伯伯說：

「因為太早，日本商社還沒上班，也沒有大人下樓，那小鬼跑來跑去，又跳又叫，也沒人回應。你舅舅氣不過，要走去問他為什麼罵人，我怕惹禍，趕緊拉住他，勸他不要激動。」

「我舅舅呢？」

「你舅舅說，我不怕！我說，你不怕我怕，咱們長大了，再跟日本人較量也不遲！」

「連六、七歲的娃娃，也懂得欺負中國人⁉」式資覺得不可思議。

「其實，那小孩子耳濡目染，早在小小的心靈上產生鄙夷中國人的意識。那時，日本人居住的地方，也有類似里鄰的基層組織，他們居然可以隨便把中國人抓去鞭打或灌水。所以，中國人稱之為『小衙門』。」

「當年日本侵略者何其狂妄！」式資搖頭說。

「天津和上海都有公共租界，天津市日本人集居的地方，原本也是租界。太平洋戰爭爆發後，美國和英國僑民更慘，除了行動受限制，每個人還發個紅色臂套，上面寫著『獁獏』兩個怪字，等於把英、美人貼了野獸的標籤，英美僑民只有乖乖地配帶才能上街。」

這真是今古奇譚，也是很好的史料，但我最想知道，劉伯伯和媽咪流亡的苦難和散失的經過，媽咪雖曾講了一些，但由劉伯伯憶往講古，可能比小說故事還動人。然而，媽咪卻以時間太晚為由，要劉伯伯以後再說。就這樣意猶未盡地離開福林飯店。

這個中秋夜，最不快樂的人有兩個，一是父親一是文傑。父親曾自認對兒子虧欠太多，但他又說沒少寄錢給他，這就是父親欠缺儒家思想，以為錢能代表一切，錢自然也能彌補原罪！

想像得到，文傑代理游小弟，父子近在咫尺遠在天涯。從文傑一語不發逕自走開和父親佯作已睡的情形看，也可感覺到，對我們的遲歸，父子倒是一樣的心理反射。

式資和我商量，他守凌晨到七點，讓我先好好睡一覺，明早由我接班，直到游小弟到來。我拗不過他的堅持，只好拿條毛毯過來，要他坐入單人沙發，把毯子蓋在小腹和大腿上，臨去互道晚安。當然，我少不了給予痛惜的一吻。

連續兩天半的假期，老師傅照常來換藥，他自豪地說：

「陳老闆幸虧遇到我，否則，現在只剩一條腿了！」

父親對老先生的接骨技術，佩服得五體投地。我除了聲聲感謝，又付給他一疊五十張千元大鈔。喜得他咧著缺了門牙的大嘴說：

「我是修佛的人，這太貪財啦！」老師傅雖然這麼說，可是話剛了，鈔票已進了口袋，還有點不好意思地說：「也罷，以後不要再給了。」

我則感性地說：

「一條腿不是十萬八萬能夠買回來，這多虧您華陀的醫術菩薩心腸，我們全家都會永遠感激您！」

老師傅打躬作揖稱謝不迭，離去時，剛出玄關就和王副廠長撞在一起，把王手中的資料袋撞落，文件散落一地。當我把老師傅送入電梯，王副廠長也把文件統統揀起。

父親一見王副廠長，陰鬱的臉立刻雲消雨霽。他先問了一些廠裡的情況和白阿姨是否天天到廠。

王副廠長說：

「我的職責是監督生產線，職責以外的事不太瞭解，這次能來探病，是奉白常董主動面諭，否則，兼廠長不會同意。」

「主動面諭」這幾個字，父親聽了似乎特別刺耳。他的敏感並非沒有道理，親友間即流傳著白、郭狼狽為奸，陰謀霸權奪產。如果我把流言告訴父親，父親壓抑很久的憤恨，就必如定時炸彈被引爆，炸不到別人卻定會毀了自己！

我走到床邊對父親說：

「廠裡有王副廠長在，一切安啦，人家老遠來看您，講點開心的話嘛！」

父親聽了我的話，眉頭疏展開來，要王副廠長先去客廳小坐，然後對我說：

「怎麼樣，幾次接觸妳該看出王副廠長是個可以依托終身的人吧？」

「我覺得他忠實能幹，值得阿爸栽培，有機會幫他搭個鵲橋也不錯。」

「我總認為他做你的終身伴侶，比劉式資和妳適配。」父親加重語氣說：「至少他還是個碩士！」

「沒有一個開明的父親，會把子女的婚事，當作籌碼來運用！」我情急之下口不擇言。

「站住！人家都說妳孝順，妳不覺得這種態度就是忤逆嗎？」

我實在聽膩了父親的陳腔濫調，就想藉口走開。

「哈，每個人都反了。」父親像發瘋的吼了起來：「乖女兒也變成了叛逆仔，我還有什麼指望嗎？」

王副廠長和游小弟聞聲跑進房來，驚疑地看著父親。

「沒事，我太衝動了。」父親乾咳了幾聲說：「都給我離開，我要好好休息一下！」

離開房間，王副廠長關切地問：

「董事長那裡不舒服？」

「傷快好了，又想得太多。」我說：「沒有事，病人總會有情緒問題。」

王副廠長告辭後，父親又嘮叨地說：

「小菊，我支持妳和劉式資結婚，但妳得說服劉式資跟妳一起做我的接班人，就算是交換條件也不算苛求吧？」

「謝謝爸爸的美意，等您完全康復，回去把篡奪的陰謀擺平，再從長計議不好嗎？」

「我此刻腿不靈，頭腦很清醒。」父親陰沉著臉色說：「妳書讀得不錯，應該懂得凡事預則立不預則廢的道理。」

我提醒父親說：

「爸，事緩則圓。再說，文傑還有一年就畢業了，他是您唯一的兒子，難道您不願培植他？」

父親的臉更加扭曲，面色也難看得很，一下子就像洩了氣的皮球，瘦弱的身軀癱作一團。我惶恐又困惑地望著他，一時不知所措。

「噯！」父親長歎一聲說：「妳說事緩則圓。是啊，我急又有什麼用？妳不要厭惡爸爸雞婆，從此我不再提接班的事！」

# 第七章 臺北的天空不一樣

臺灣光復節，是個熱鬧的日子。我家更是喜氣洋洋。父親終於能夠拄著拐杖行走了。我為感謝黃老師傅妙手回春，就在六B舉行小型慶祝酒會，並當著祝賀的來賓，贈送一面金牌，老師傅樂得鬍鬚也翹了起來。父親又當場宣佈認游小弟為義子，還當面致送獎學金五萬元，游小弟也喜出望外。

酒會進行一半，李媽媽也趕來了。只有媽咪沒有露面。事實上，媽咪並非不想參加，但有白阿姨在，她總覺有些尷尬。再説，白阿姨不是個有雅量的人，而且，不良紀錄多多。所以媽咪先一日就單獨表達了她的祝福，這在父親的感受來説，已經是難能可貴。相形之下，白阿姨就顯得更加不堪了。

不管怎麼説，父親的心情可謂空前開朗，面對賀客盈門，祝福之聲此起彼落，他樂得嘴都笑歪了。案頭的鮮花，桌上的禮物，又增添了不少溫馨的氣氛。

白阿姨突然宣佈説，晚上再請大家到凱歌去吃飯。父親聞言臉色一沉，我趕緊悄悄提醒白阿姨，父親還離不開拐杖，這會使他心裡不爽。她杏眼圓睜，大聲説：

「怎麼會！我問過老師傅，他説拐杖現在就可不用！」

「可是，爸爸行走時還會疼痛呢！」

「這，你就錯了，骨折癒合還需復健，怕痛永遠變成跛子。來，現在就拿掉拐杖，請妳爸爸走走看。」

阿爸被左右的人扶起來，試著走了幾步，顫巍巍、膽怯怯地，惟恐突然撲倒在地的樣子。在大家一致鼓勵之下，阿爸小心翼翼走回原處落坐，說出了他的感覺：

「骨折的地方行走時還是很痠痛，而腳下的神經更如踩在麻繩上，那滋味真不好受。」

「我聽說，慢慢會好的，所以，有個復健期。」李媽媽也安慰說：

「喔，畢竟我能重新站起來了，感謝各位的關懷，今晚由我來請客。」父親再度展露罕有的笑容說：「我們就去凱歌熱鬧一下吧！」

五時許，眾人一陣忙亂下了樓，爸爸、白阿姨和李媽媽坐上我的車，式資和春蘭分別上了我們公司主管開來的兩部車。雖然，途中已有塞車現象，好在目的地距家不遠，沒有多久，就到了氣派非凡的凱歌門前。

白阿姨和李媽媽扶著父親下了車，我把車子交給飯店服務生開往停車場，尾隨在眾人後面，進了預訂的悅賓東苑廳。大家坐定之後，我發現春蘭身旁的男士竟是王副廠長，基於好奇，不由得又多看了一眼。這時，父親似乎更為敏感，他那關愛的眼神，不時地投射在那個方向。坐在父親旁邊的白阿姨，似乎也有了某種程度的心理效應。

但我猜想她這時的心情，應該是嫉妒大於任何心理效應，從她那陰沉的表情，就可看個大概。

中式餐廳當然是傳統吃法，先是一道冷盤，溫熱的紹興酒和生啤酒，也各隨所愛斟滿了杯子。然後，首桌上的張總帶領舉杯，請大家向父親敬酒，祝賀他恢復健康，父親和白阿姨也站起來回敬一番。

席間，父親簡短的致詞，除了幾句感性的客套話，他語重心長的希望大家開車要小心，上下車也要小心，穿越馬路，甚至走在人行道上，都要注意安全。他說，他的小腿骨折，受傷的部位在治療期間，並不怎麼疼痛，反而腳指疼痛難忍。原因是血液循環不暢，致使腳指漲得有如針扎。這種經驗但願在座的人不要分享，末尾他幽默地說：

「我如此自私，希望大家能夠理解！」

客人一陣哄笑，有人並且報以掌聲。

「現在，我重新站起來，但後遺症將無可避免。」父親又無奈地說：「你們各位想想，腳神經踩在麻繩上的滋味如何？還有，脛骨接合處，行走仍會痠痛，恐怕這也與神經受到扭曲壓縮有關。但是，接骨師也幫不上忙，所謂復健，只剩一個『忍』字訣了。」

「我爸有一秘方，用若干中藥浸泡在米酒中，每天熱敷數次，骨折處的痠痛就可消除。而且，氣候有變也無影響。」式資對我悄悄地說。

「你怎麼現在才說？」我向他抱怨著。

「陳伯伯今天才說骨折處有後遺症的呀！」

「那中藥對腳底神經痛，應該也有效？」

式資搖搖頭，表示不清楚，但他說：

「不妨試試，即使無效也無害，妳說是嗎？」

「傻瓜，當然是了。」我在他後腰捏了一下說：「你這人有時好像是故意裝傻！」

他朝我笑笑，調皮地說：

「傻人有傻福，妳喜歡有心機的人嗎？」

「但沒有人欣賞笨牛。」

「妳錯了，笨牛至少沒人防他。如果，我是蠻牛，請問妳敢靠近嗎？」

這時，我警覺到同桌的人都在注意我們。春蘭低著頭，但眼睛一眨一眨地，顯然心裡情緒暗自起伏。式資這會兒似乎也有所警覺，趕快舉杯向大家敬酒，我就一旁幫腔，請親友用菜。

散席後，來賓相偕離去，爸爸獨留李媽媽和我到咖啡廳坐坐。

「李太太，我們兩家有緣。」父親喝著咖啡說：「令嬡春蘭，不但是秋菊的閨友，還是我的恩人，所以，我一直想認春蘭做乾女兒。」

「春蘭命薄，才不配做您的乾女兒哪。」

父親聞言一臉窘相，想不到誠心誠意說出心願，居然碰了個軟釘子。

「其實，我還有意……」

父親還沒說完，李媽媽就接口說：

「您還想幫我們春蘭物色對象是嗎？」

「是啊！不，不用物色，我有個忠實能幹的屬下，極為相配。」父親以手半掩嘴角說：「就是剛才春蘭身旁的那個王副廠長，您覺得怎樣？」

「唷，有句時髦話，好東西要與好朋友分享。可沒聽說好女婿會讓給別人。」

「這……」父親一時為之語塞。俄頃，只好說：「我女兒秋菊跟他沒有緣啊！」

「對了，陳董，時下小孩子還有一句流行語叫做來電，我春蘭跟王副廠長來不來電，不妨向秋菊求證一下。」

我朝李媽媽搖搖頭，表示他們不「來電」。

「妳怎麼知道春蘭的心思？」父親生氣地說。

「我知道她的心事，跟她瞭解我一樣。」

父親滿腔的熱忱，再度被澆了冷水，竟語驚四座地說：

「臺北的天空就是不一樣，我這南部來的人，竟然，完全捉摸不定。好吧！令嬡出嫁時，別忘了請我吃杯喜酒，這點面子會給吧？」

「當然、當然，先謝謝陳董的關愛！」李媽媽心平氣和地回答。

不用說，話不投機半句多。父親越琢磨越不是滋味，於是嚷著要回去。我怕再擦槍走火，引爆他老人家那座火藥庫，就向李媽媽使個眼神，李媽媽會意，在回家的路上，一直保持緘默。

到家之後，我扶爸爸進了六B的臥房，並勸他好好休息一下。出來時，白阿姨正在客廳沏茶，我問她能在臺北住幾天，白阿姨未及回答，就見爸爸一踱一瘸地走出來，大聲吩咐說：

「嬌嬌，收拾東西，今晚就回高雄！」

我知道父親的脾氣，硬留軟勸都沒有用，乾脆就幫著白阿姨把衣物打包。

送走老爸，我把他老人家惱火的原因告訴式資，並問他對父親的第三案有何意見。

「聽不太懂，無從評論。」他表情茫然地說。

「這第三案，就是接納你是陳家的女婿，但要我們兩個做他的接班人。」

「有一點妳似乎忽略了，我爸跟妳媽舊夢重圓的事，令尊應有所聞，即使現在不知道，遲早總會曝光。」他分析說：「自古恨莫大於殺父奪妻，令尊若持有封建社會的心態，妳想，他會容得下我嗎？」

「可是，是我爸遺棄母親，不是母親先有負於他呀！」

「妳不能以健康的心理看待這件事，假如白阿姨是個賢慧的妻子，令尊就不會悔恨當初的絕情，自然也就不用愁會排斥我了。」

式資這番話，使我頓開茅塞。從而對他的睿知和深藏不露更為心折。心想，難怪凡是接近他的異性，都無法抗拒他那性格上的致命吸引力！

這天夜裡，李媽媽和春蘭似乎睡得很熟，整夜一點聲音都沒有。次晨，我向李媽媽請安，她卻說沒有睡好。所以，早晨起來頭昏昏地，她問：

「式資他老爸和妳媽，在臺北要住幾天？」

「大概今明兩天還在臺北。」式資代答：「您大可藉此機會，好好敘舊一番。」

春蘭從房裡出來，手上還拿著牙刷說：

「人家劉伯伯跟王阿姨，此刻正如新婚蜜月一樣，我媽這位老姐，最好識相一點，別去打擾人家啦！」

「說的也是！」李媽媽沉思片刻說：「不過，這回有必要跟我那學者老弟，推心置腹地談談，否則，回去無法向妳老爸交代。」

晚上下班，我約了式資和春蘭，直接到福林飯店，在停車場我問春蘭，李媽媽是不是已先去了飯店。她說：

「我媽昨夜睡得不好，所以，我要他白天好好休息。現在，我就回去接她。」

「好，我接了式資直接去飯店，待會兒見！」

我倆到了福林飯店，春蘭和李媽媽已先一步到了。春蘭聰明，知道客房空間不大，在出發前，就先通了電話，問媽咪在那裡見。所以，我倆剛進入一樓大廳，就見她笑臉相迎。我問：

「不上樓嗎？」

「人多，王阿姨說還是咖啡座較好，既安靜又舒服。」

於是，三個人來到上次聚會的地方，不過這次是選了個沙發靠牆的寬敞位置。見面時，在座有位生面孔的長者，經劉伯伯介紹，方知他是警界前輩的侯先生。他於介紹後起身告辭，劉伯伯也未留客，原來主客三人在樓上已敘談多時，我們到達之前客人就準備離去。

媽咪主動告訴我，文傑上午來過，下午搭公路班車回去了。式資坐在長桌的一端，我和春蘭就順理成章地坐於三老對面。服務生問我們要什麼飲料，式資說喝熱紅茶，我和春蘭都選了咖啡。春蘭開口說：

「劉叔怎麼會有警界的朋友？」

我和式資也覺得奇怪，坐在劉伯伯兩側的李媽媽和我媽不約而同地側過身子，看著劉伯伯的表情，似乎她們也都不甚了解。

「說來話長，你們可願聽我講故事？」

「講學問太嚴肅，還是聽故事，比較有趣。」春蘭調皮地說，我們全都點頭附和。

劉伯伯喝了一口白水說，「好吧！」於是，故事就從民國三十九年講起。

國民政府三十八年遷到臺灣，劉伯伯當年是小小流亡學生，為一個軍級幹訓班收容，到了基隆，又跟著軍隊去了海南島。在那裡整整一年，才又隨軍撤回臺灣。不久，高中以上的學生，大都進了軍事學校，初中程度則留在軍中擔任「軍文」工作，或投入社會自謀生計。

劉伯伯離鄉背井舉目無親，但又有志升學。於是，就四處求職，先解決生活問題再說。有一天，流浪到臺北市杭州南路，突然一陣驟雨，淋得有如落湯雞一般。他衝進了一家豆漿店，本想買套燒餅果腹，但一掏口袋，囊空如洗。於是，改口詢問老闆，缺不缺人手。身材魁梧的黃姓老闆是個山東人，見他全身淋濕，臉上流著水珠，以為這孩子是餓得哭了，就問他是那裡人，他說是山東人，從天津逃出來的流亡學生。黃老闆本來不想增加人手，但見他是個流亡學生，又是山東同鄉，就徵求老闆娘的意見。老闆娘二話不說，就帶他進了小房間，幫他擦乾頭上的雨水，拿出一件老闆的舊布衫，要他把濕透的上衣換下來。從此，他就變成豆腐店裡的小夥計。但他白天努力工作，晚上不忘用功自修。準備暑假過後插班高二。

某日，一位侯姓警員吃完燒餅豆漿又要欠帳，黃老闆火大，當面斥責那警員不體恤小店生意人，蓄意白吃白喝。說到激動處，警告侯警員下次不還帳，就找他局長去，發完了脾氣，又忙他的去了。侯警員窘極發呆坐在那裡一動也不動。當年的劉小弟好意問他，是否又忘記帶錢？侯警員則說，他只是欠幾天，發了薪水自然會來還帳，對黃老闆態度惡劣不說；還拿局長唬他。他不信堂堂警察局長，會跟豆漿店的老闆是朋友。劉伯伯當時已領到了打工的錢，表示願意先替他把帳還了，以後不妨照常光顧小店。侯警員聞言大為感動，就脫口說出實情。原來他新婚的妻子，因流產失血過多，正在住院治療中，有限的薪水應付急難，不免捉襟見肘，而他每天仍須值勤，如果營養不足，即無法維持正常的精神和體力。劉伯伯聽完了更加同情，於是，堅持代他還帳，從此就成了患難相助的好朋友。老闆娘知道侯警員受了委曲，還親自到醫院去探望那位警員的太太。

我心裡想，故事沒有什麼出奇嘛，再看春蘭的表情，似乎她也覺得不夠傳奇。

不料劉伯伯連呷了兩口熱熱紅茶，又興致勃勃的說下去。

他說，人間奇事多，但像黃老闆的故事，只會在亂世發生。

侯警員被唬不久，豆漿店就宣佈出讓，為什麼要出讓？聽老闆娘說，黃老闆要做官了，而且是陸軍總部的上校級主管！這一下可把個劉小弟和侯警員驚呆了。但，老闆娘卻說，沒有什麼好奇怪的。當然，不知道黃老闆的出身，難免一頭霧水，甚至當成天方夜譚。

黃老闆本是「軍統系」的人，也就是戴笠將軍領導的中央情報系統的人。抗戰末期黃老闆是軍統局××站的站長，因秘密組織被日本特務機關偵破而逮捕下獄。黃站長受盡酷刑折磨，至今胸口還有香頭灼傷的疤痕。所幸日軍侵略已是強弩之末，日本特務機關才未使之成為烈士。

光復後，內戰又起，戴笠將軍死於空難，軍統局群龍無首、形同瓦解，於是出生入死的情報鬥士，就各奔西東，自尋出路。黃站長則携眷隨軍來臺，為了生計，只好在竹棚搭的違章建築，開起豆漿店來。

次年，國防部設立總政治部，各軍種均建立政工體系。黃老闆出身南京中央警官學校，又曾官拜敵後情報站長。因而，被徵召復官並改叙政工上校，就這樣豆漿店老闆一躍而為陸軍總部上校處長。當時，臺灣各縣市的警察局長、副局長，不少人都是他昔日的同學。可見他對侯警員説的話，事實上並非唬人。

然而，儘管他又時來運轉，昔日同窗，上門的人仍不多。因為軍警井水不犯河水，彼此既無公誼，私交也就愈來愈疏遠了。

世俗人際關係，本即離不開利害因素。巧的是最高行政當局，決心整飭警察風紀，就把黃上校選去當警務處督察室主任。消息見報，一夜之間賀客盈門，多年不見的同學，一下子都來攀附同窗之誼。有一位不速之客，竟在半夜三更前來敲門，令當時的黃主任不勝「感冒」！

黃主任在搬離眷村前，侯警員適巧調到管區派出所。因此，造訪的機會也多了。在黃主任的鼓勵之下努力進修，不久就考上了警官學校，畢業後升為巡官。當黃主任由督察室主任，調升警總入出境管理局長，再回頭接任警務處長，侯警官已掛上了「

二毛一」，於是就冥緣當上了處長的機要秘書。後來，幹到分局長才退休。

當年的黃老闆和侯警員，在生活上和精神上，給了劉伯伯很大的幫助和鼓勵，卒能順利完成大學教育，並且考取公費留學，搬回兩個博士學位。所以，劉伯伯說：

「做人不能忘恩負義，像這位侯先生，就是我時常感念的人。」

劉伯伯此言一出，李媽媽的臉色突然凝重起來，撇著嘴歪著頭一語不發。媽咪一見大為緊張，劉伯伯的神態也略顯不安。倏時間，我們三個晚輩全都受了感染，變得神經兮兮。

李媽媽此時的心情，是有蛛絲馬跡可尋的。我曾聽式資說，當年劉伯伯隨軍流亡到海南，年紀小小離鄉背井，又感染了致命的瘧疾。他靜靜地躺在一家木材行的板料上，一天一夜不曾起來吃喝拉撒。同是流亡學生，但已經加入軍中政工隊的于倩倩，也就是現在的李媽媽發現這位名叫劉仲毅小弟弟，雖然似在熟睡，但身體微微發抖。走近用手試摸他的前額，原來正發高燒。他眼睛緊閉，嘴裡卻發出「醫生、醫生」微弱的呼喚聲。于倩倩知道他是希望有人能請醫生來給他看病，於是，就跑去央求一家診所的大夫，務必救救這個小弟弟。

請來的大夫還算宅心仁厚，為劉小弟弟量量體溫，竟高達四十度！於是，趕緊打退燒針，又免費留下幾包藥，囑咐于倩倩多給他開水喝，並且補充營養。此後，時冷時熱，一入睡即冒出一身冷汗。多虧于姐姐不顧流言蜚語，小心看護，才未客死異鄉。

直到撤退來臺，瘧疾病灶才得根除。所以，李媽媽在劉伯伯心目中，無異菩薩化身。而劉伯伯為了感恩，也總希望有所回饋。但李媽媽雖未明說，卻強烈地暗示，只有春蘭和式資結為連理，才是她最大的願望。然而，過去劉李兩家，由於都曾多次遷址而間斷過往，如今劉家的第二代，已越過而立之年，並且即將迎娶媳婦，而她的女兒卻只有靠邊站的份兒！讓李媽媽最氣的，是數年前的不期而遇，劉伯伯還在李家住過一夜，如果當時提親，如今就不是這個局面。所以，當劉伯伯滿口有恩必報時，在她心裡上不免有著強烈的反感。

媽咪看在眼裡心知肚明，但她的第一春所嫁非人。因此，若式資與我成親，等於上代開花、下代結果，也算多少彌補了她的遺憾。這時李媽媽心裡的不平衡，她很能體諒，但也只好佯作不解狀。而春蘭既是我的好同事、閨中密友，如今又成了父親最感激的人。唉，這種三角關係幾何情義，實在是剪不斷理還亂！

不用說，這頓飯是乘興而往敗興歸。隔天，三位老人家都回去了，剩下我們三個年輕人，倒還能無猜無忌、和樂無間。雖然情境上，恰似金砂夾雜著雲母，根本無法熔為一體。然而，畢究生活步調恢復正常，我們照常上班，依舊說笑，週末假日，與之所至，三個人就結伴去踏青，要不然就到夜總會去瘋一瘋。春蘭自謔為永遠的電燈泡，但又定位於愛跟屁的小瓢蟲。

當然，一個俊男身旁伴隨著兩個「倩女」，不論是徜徉於林野幽徑或是出入公共場所，都不免引人側目，甚或暗中瞎猜一番。

有一次，在中正公園的鯉魚湖畔，我親耳聽到一群高中女生在竊竊私議。有的說，其中一定有一個小姐是另一位小姐的親戚或室友。有的說，不管是什麼關係，跟人家戀人攪在一起，就是惹人討厭的電燈泡兒。還有人武斷地說，妳們都沒眼睛，看他們三個的表情，就知道男的是一箭雙鵰。另有一個更鮮的居然唱起打油詩，我隱隱約約聽到那詩句是：

一馬配雙鞍，齊人福不淺；日間三人行，夜裡兩頭難。唱罷，全都嘻嘻哈哈笑成一團，我和春蘭也有說有笑，根本不去理會別人那異樣的眼神。因為，我們也不是為別人而活，又何必在乎旁人怎麼說？

儘管如此，在公司裡，面對蜚短流長卻不那麼輕鬆。有人公然散播謠言說，「那個姓劉的夠猖狂，春蘭秋菊他都愛！」

同樣地，式資那邊也有人興風作浪，蜚短流長或許比我們這邊更加不堪。一向修養極佳，凡事不文不火的式資，近日竟反常地心浮氣燥起來。最令我不滿的，是他那面對壓力一肩挑的封閉心態。儘管眉頭深鎖、氣憤填膺，但我總希望他對著我盡情發洩一下。可是他寧肯跑到公園，朝著花木長嘯，在家裡總是刻意包裝。不，應該說是竭力抑制。逼急了他就說聲「好累」，逕自回房去了！

李媽媽回高雄不久，就直接打電話給我，說再過兩天會陪李伯伯來臺北，希望能在六B客房住上一宵。李媽媽掛了電話，媽咪緊跟著也打電話來。我問：

「李伯伯要來臺北，您知道嗎？」

「知道，我就是要告訴妳的呀！」

「我已知道了，李媽媽剛來過電話。」我迫不及待地問：「李伯伯該是到臺北來就醫的吧？」

「可能是就醫，我想不會那麼單純。」

「依媽的判斷，還會有什麼事？」我的心跳突然加速了。

「我只是奇怪，李媽媽點名要妳準公公非來不可！」

「那可能是想藉這個機會敘敘舊吧？」

「敘什麼舊？春蘭她爸跟妳準公公既非同鄉，也未同過事，是因為李媽媽的關係，他們才有來往。」

「不管怎麼，兩家關係匪淺，能說不親嗎？」

「但願如妳所猜。」媽咪囑咐我說：「李伯伯是稀客，妳和式資要有個心理準備。」

我和式資為何要有心理準備？媽咪的話語帶玄機，難不成他要「棍打鴛鴦兩離分」？

我越想越迷惑，一下班就開車去接式資，為的是早一點聽他怎麼說。

「來者不善，善者不來，李伯伯是軍旅出身，阿姨的顧慮是對的。」式資如此說。

「我們應該告訴春蘭不？」

「不，李媽媽如果沒告訴她，我們也別多事。」

「這不難，等春蘭回來，我們察顏觀色就知道了。」

晚上，春蘭洗頭回來，就興致勃勃地講她洗頭的趣事。式資向我拋著眼神，意思是有了答案，她老爸要來臺北的事，根本沒通知她。我心裡不免又犯嘀咕，本來嘛，李伯伯中風後第一次來臺北，依常理，必定會打個電話告訴女兒。何況，行動不便的老爸，也需要女兒開車去接他。

光復節過後的第二個週末，李伯伯真的來了，春蘭臨時接到電話，到火車站去迎接。

我第一次見到李伯伯，深深被他的將軍氣質所吸引。雖然，他雙腿麻痺，行動離不開輪椅，但仍然予人以身材高大，氣宇軒昂的印象。我不知道他老人家現年多少歲，只見他滿頭華髮，天廳飽滿地閣方圓，還留著仁丹鬍子，整體形象和袁世凱的照片極為神似。不用說，當年帶兵時，一定是出色的將軍，若不是高血壓導致中風，應該是上將的命格。

他對臺北的變化十分驚奇，對我們的居住環境也頗感興趣。但除了這些，他都是繞著式資找話題。我看出式資顯得有些不自在，整個一下午，儼然研究生接受指導教授口試似的。連桌上的茶點，水果也沒人敢動！

晚飯後，劉伯伯和媽咪來了，在寒暄中透著幾分神秘氣氛。李伯伯不改軍人本色，立即展現了他的主導性格。

在李伯伯指使下，兩位媽媽把六B餐桌變成會議桌，當咖啡和茶點上桌時，大家依「命令」入座。李伯伯的輪椅移到首席位置，劉伯伯坐在靠近客廳的另一端。挨著首席，李媽媽和我媽對面落坐。我跟春蘭分別坐在自己媽媽的下方，式資則坐在我的右側，剛好靠近劉伯伯的位子。

坐定後，李伯伯開門見山地説：

「多年沒來臺北，感覺上變化真大，就連臺北人的人情世故，也變得少了鄉土味。因此，我説話也不須繞脖子兜圈子。」他喝了一口濃茶接著説：「我自己身體不好，膝下又只這麼個女兒。因此，當看到別人含飴弄孫時，不是孫子、還是外孫，就會感到莫名的憂傷。」

「我到臺北來，總沒帶回好消息，大嵩認為非他出馬不可。他是個病人，説話如果太直，仲毅老弟和文芝妹子可要包涵一點兒！」李媽媽唯恐李伯伯失言，搶著表白説。

「沒關係，在場的兩代如同一家親，可以無話不談、無話不説。」劉伯伯眼神一閃説：「我覺得，他們三個年輕人，比起我們這上一代的感情還濃呢！」

「真的嗎？」李伯伯看著媽咪問道：「秋菊的媽王女士妳怎麼説？」

「是啊！式資和秋菊都把春蘭當做妹妹，感情好得很。」

「這麼說，秋菊和式資是一對璧人，我女兒春蘭只有做妹妹的份了？」

李伯伯此言一出，春蘭慚惶地把頭埋在胸口，李媽媽也一臉尷尬。劉伯伯和媽咪，其實就連式資和我都為之錯愕不已。

「我是個病人，身殘心也殘。」李伯伯自怨自艾又自我辯解說：「都怪我只有一個女兒的命，假如我也有個兒子，應該早就抱孫子了。坦白說，我只是太直了，其實我凡事都會設身處地為別人著想。就拿這件事來說，我就認為應該有個圓滿的妥協。我的意思是只要情和義兼而顧之，就會有皆大歡喜的結局。」

「爸，請您給女兒留點面子，好吧？」春蘭終於憋不住了，以懇求的語氣說。

「哈，面子重要還是裡子重要？爸爸是個很有分寸的人。否則，妳媽也不會服我，是不是倩倩？」

李媽媽笑笑，只乾咳了一聲，未作正面回應。

「將軍似乎有一個醞釀已久的腹案，不妨直說，省得眾人瞎猜！」劉伯伯又望著李媽媽說：「老姐，您認為呢？」

「是嘛，說說看，反正這不是軍事會議，誰也沒有裁奪權！」

「我怎麼研判，都覺得他們三個人是三對等的緣份，這是式資前世修來的福。」李伯伯以高亢的語調說：「我替我春蘭作主，情願作式資的二房，這樣的委曲求全，相信大家都能接受吧？」

「我反對！」春蘭急得站起來大聲說：「即使我甘願做小，那對秋菊姊也不公平。試想，有誰情願把完整老公，分給別人一半？」

「我情願整個都奉獻給春蘭，因為，我還有更好的機會！」我此言一出，震驚兩代，媽咪瞪著我，眼神裡放射出無數問號。而式資則愣忡的直甩頭，好像不敢相信他的耳朵。

「秋菊，妳的大方不夠誠懇，還不如表示杯葛來的直接。」李伯伯面現慍色說：「如果妳和春蘭真的情同姊妹，對我們李家這種識大體顧大局的態度就會欣然接受，萬萬沒有想到，妳竟公然排斥！」

「不爭是李家的高風，能讓也是陳家的大度，李大哥應有互相欣賞的雅量，怎麼反倒動起肝火來了呢？」媽咪壓抑了許久，這會可真一吐為快。

可是，李伯伯以為媽咪是在教訓他，氣得直說：

「我……我這是自討沒趣，大老遠跑來臺北請人刮鬍子！」

「李伯伯請息怒！」式資紅著臉站起來說：「說起來真慚愧，我除了有個好爸爸，沒有任何傲人之處，春蘭秋菊，一個是碩士，一個是博士，我一個都跟不上，何況兩個？」

「你怎麼不會想，這才是你值得驕傲的？」李伯伯瞇著眼睛說：「我看得出，她們兩個都不會跟你比學位，因為你肚子裡有料！」

「對不起，李伯伯的構想很羅曼蒂克，但這對春蘭和秋菊都不公平，對我也不公平！」式資的嗓門很大，不曉得那來的勇氣。

「對你又怎麼會不公平？」

「我本來應付一個女人就可以了，現在要兩邊應付，您想，我那有那麼多的精神？」

李伯伯聞言哈哈大笑，望著對面的劉伯伯說：

「你的兒子會那麼無用嗎？」

「他大概不是那個意思。」李媽媽破解說：「多房妻子，總要多分一分神，他怕顧此失彼，兩頭招怨吧！」

「對了！」式資說：「李媽媽說的很對！」

「妳們怎麼說？」李媽媽看看我又看看春蘭。

我搖搖頭，春蘭則說：

「沒有經驗的事，誰知道！」

「那她們姐妹倆是不反對囉？」李伯伯盯著式資說：「關鍵就在你，式資，只要你點頭，三個人的終身大事就敲定了！」

「恕小侄直言，春蘭秋菊沒答應，我也不能接受。」式資理直氣壯地分析說：「我們現在住在一起，兩個企業機構就流言四起。如果我真的一箭雙鵰，就將變成別人的箭靶。春蘭秋菊更將面對許多異樣的眼神而無法自適。」

「笑話，很多企業家都有偏房側室，外人只有羨慕那會輕蔑？那太塑的三娘，走到那裡都受尊敬，無人因她是老三就側目以視。」李伯伯搖搖頭，覺得式資保守得近乎迂執。

「時代不同，老一代的觀念，不適合現代潮流。」

「就在不久前，新聞報導説，一位青年的工程師，擁有三個妻妾。三女共事一夫，經常連袂到建築工地去探視夫婿，還同宿一間旅社呢，這段新聞你看過沒有？」

「有看過，但是，這事為什麼會上報？顯然具有爭議性。説穿了，那是個談資笑柄。我相信李伯伯不會希望女兒出嫁，成為公眾的笑柄！」

「這是個自由社會，自然難杜眾人的悠悠之口，但是，如果你是為別人而活，那豈不活得太辛苦？」

「可是，我們正處於激烈競爭的社會，不能不注重個人的形象。假如我是紈褲子弟，有個多望的老子作依靠，那也許不必考慮到那麼多，您説是嗎？」

「如果我是你的老闆，反而破格提拔你。」李伯伯開始心煩氣燥起來，扭曲著臉問道：「這道理你懂不懂？」

「不懂！」

「有兩個高學歷又相貌出眾的女孩，死心塌地的愛著你，那不證明你很傑出？」

「可能有更多的人因嫉妬而處心積慮的打擊我和孤立我，要想走得輕鬆、順利也難！」式資理直氣壯地說：「何況這對時代青年，無疑是一種錯誤的示範。」

李伯伯一時為之語塞，雙手撥動輪椅原地打轉，李媽媽趕緊過去撫摸他的胸口。他推開李媽媽的手，高聲嚷道：

「走，話不投機半句多，我見過不少世面，今天居然栽在這個渾小子手裡！」

李媽媽推著輪椅走向客廳，李伯伯堅持要回家，劉伯伯上前婉言勸道：

「將軍，別生氣嘛，事緩則圓，休息一宵明天再走不遲。」

「教授老弟，不必假惺惺了，你還記得不，當年我女兒讀初中時，你來我家，曾許下什麼諾言？」

劉伯伯聞言頓感茫然，一時答不出來。

「看，貴人多忘事是吧！」李伯伯說：「你直誇春蘭聰明秀麗，能做你媳婦最好，怎麼竟忘得一乾二淨？」

「慚愧、慚愧，我是滿心喜歡春蘭，現在還是一樣！」

「只是兒子的婚事，你做不了主是吧？」

「……………」

「子貢有曰：駟不及舌。你身為大學教授，怎麼連誠信也不顧了？」

「……………」劉伯伯似想辯解，但明知李伯伯是蓄意調侃他。所以，只好仍以沉默對應。

下到一樓，春蘭已把車子開了過來。李伯伯在眾人扶持下，吃力地坐進車箱，遂探出頭來，仰望天空說：

「哼，臺北的天空就是不一樣！」

這話，老爸曾經說過。現在，李伯伯又這麼說，我和式資面面相覷又不禁啞然失笑。劉伯伯和媽咪於車影消失後，也不禁同聲喟然！但整個晚上，全都保持異樣的沉默，好像每個人的腦子都是一片空白。

# 第八章　現代柳子遭人戲落

入冬以來，寒流不斷來襲，要不然就是陰雨連綿。式資出差，這次長達一週，我和春蘭同進同出，晚上下班回來，除了翻報紙，就是天南地北的閒聊。有時興致來了，就唱唱卡拉**OK**。

週末，式資從南部回來，帶回一箱新品種的大柚子，圓圓的、光光的，表皮黃得發亮，吃起來風味絕佳。我問式資是買的還是人家送的，他說是一位專攻園藝學的朋友，在果園現摘的。這種自國外引進的改良品種，今年才進入收成期。他本想帶回半打，那朋友卻裝了一整箱，下火車提著出車站，手肘都痠麻了。

我心痛地說：

「春蘭研究食譜頗有心得，就請她下廚，做幾道可口的菜來慰勞你吧！」

「好極了，可是從買菜到烹炒起鍋，少不了兩個小時！」式資說：「還不如買些現成的，回鍋一熱就成了。」

「喔，還是部主管能體恤部下，科主管只會要求部下。」春蘭挖苦過了，又提出她的意見：「我去採購，秋菊姐先在廚房做羹湯，妳看如何？」

「沒意見，妳若下廚，就得我去買料，現在妳為我省錢，我還有什麼好說？」她是個標準的行動派，向我撇撇嘴，拿起手提包就出去了。

春蘭並沒照著式資的意思，買幾樣現成的菜餚，我只好很知趣地下廚幫忙。於是，我洗菜她下鍋，沒多久，大盤小碟就上了桌。我從電鍋裡挖出來的白米飯，也是香香QQ的。所以，開動數分鐘，式資就流露著唇齒飄香的神態，「讚、讚」地誇個不迭。春蘭聽得心花怒放，而我卻另有所感。心想，如果文傑夠看，那麼，臺北的天空就真的不一樣！

飯後，春蘭出去洗頭，我就和式資商量過年的事。

「新年近了，你有什麼腹案？」我問：「我們去臺中如何？」

「還是把二老請來，老人家喜歡怎樣，我們就妥為安排。因為，臺中好玩的地方實在不多。」

「那麼，現在就打個電話，試探二老的意向，好嗎？」

式資點點頭。

電話通了，接電話是劉伯伯，我就把我倆的意見說出來。

劉伯伯說，元月十日要出席臺北一項學術會議，十二日，GT機構關係企業GS公司請他去演講。所以，九日晚二老就要北上。雖然，新年不打算來臺北，倒希望春節時，兩家五口能一起吃年夜飯。

接著，我又和媽咪絮叙了片刻，就把電話掛了。式資知道二老新年不來臺北，就問我把春蘭留下來好不好。我告訴他，李伯伯為了女兒的婚事都快瘋了，春蘭不趁新年假期回去一趟，那就是不孝，如果我們要她不回去，那就是不義。

式資笑我說得太嚴重，他認為春節假期長，如果春蘭只回去一次，不如選擇春節。我覺得這事最好不提，春蘭自會有所斟酌，如果是我，必定是新年春節都回去。因為，李伯伯年事已高，又宿疾纏身，春蘭晨昏孺慕的日子已經不多！

「那我們倆該去臺中，還是窩在家裡？」式資說：「要不然我們就去金門觀光？」

「媽咪說，平日難得休息，希望我們在新年假期好好養養精神。」媽咪也要我們利用新年假期把婚事好好計劃計劃，我卻匿而不宣，怕他猜測是我在逼他。

「對，其實我還有個演講債需要還，正可利用三天假期準備講稿。」

我沒有問他是那裡的邀約，因為，他在企業界已小有名氣，請演講是常事。曾見過他有篇講稿，是談職場倫理與團隊精神，內容蠻有深度且極富啓發性。

元旦那天，天氣不是很好，但也沒雨，我和式資帶了相機，一早趕去中正紀念堂。目的是拍照和欣賞民俗藝術表演。在人潮中，我們遇到不少熟人，他們一開口就是「什麼時候吃喜酒？」同樣的寒暄話頭，聽多了好不心煩！因此，急著選幾個景點，拍完了就回家。

式資和我在鯉魚池畔，選擇不同的角度，交換著拍了幾個鏡頭。走到戲劇廳的石階前，正想請人幫忙拍張合照，顧盼間，一位女士在我後背拍了一下說：

「現成的攝影師在這兒！」

我回頭一看，原來是有紅線天使諢號的方麗萍。

「啊，方姐，近來好吧？」我高興地說：「我們常常想念您，也常默默為您祝福！」

「一派外交詞令，我可不相信，若不過河拆橋就好。」

「那裡話，我們真的懷念情人橋。」式資說：「更十分感激您的菩薩心腸。」

「所以，我們也衷心企盼，早日得到您的喜訊。」我緊握著她那柔軟的手說：「好心必有好報，不是嗎？」

「金童玉女一唱一和，可真有默契。別忘了我這個搭橋的人，還沒有為你們倆站台呢！」

「好了，到時候一定會請您就是了。」我意有所指地說：「另一位當然介紹人，怎麼沒出現？」

「妳說的是誰？」方麗萍也裝起糊塗來了。

「誰，你看那個人是誰？」我指著遠遠走過來的作家魯愚說。

「哦，他嘛！」方姐兩腮驟泛紅潮：「我沒想到妳說的是他。」

「怎麼，您不滿意？」我一語雙關地說。

「是我不配！」

式資上前與魯愚大哥握手寒暄。我也走過去，魯愚問方姐說：

「甚麼配不配的？」

「方姐說，您不配和她牽手一世。」我故意撥弄說。

「是嗎？」魯愚瞪大眼睛看看方姐。

「唉，你中了她的計，真是愚不可及！」

「既然我愚，你不及我，怎麼還說不配？」

「好了，好了，越說越漏氣，全都被人套出來了！」

「噯，她用激將法？」魯愚轉身面向我說：「妳和式資一樣，看似沒心機，其實是工於包裝！」

「說真的，我和秋菊都希望早喝魯方牌的喜酒！」式資趁機加把勁兒。

「看來朋友們都蠻關心我們。」魯愚朝方姐貶下眼睛說：「從現在起，咱們可得積極點咯！」

「你沒信心，我又何必勉強？」方麗萍也向魯愚拋個媚眼。

「好了，別再演戲了。」式資擁著魯愚說：「請記著要做我們的男女介紹人就是了！」

「走，到音樂廳地下樓喝咖啡去！」方麗萍說著帶頭就走。

喝咖啡談往事，不知不覺的到了中午。於是，就在原地叫了快餐。結果，全是魯愚破鈔。

下午，天空飄起毛毛細雨，廣場轉眼變得冷冷清清。我們跟方姐魯大哥分手後，便意興闌珊地驅車回家。

新年晚上，我們到遠東飯店，吃了一頓豐盛的海鮮大餐。然後，看了一場午夜電影。剩下兩天都是窩在家裡你儂我儂。

這個新年，若依別人的標準，或許算是平淡無奇，但以我的感受來說，倒是十分寫意而回味無窮。

十二日晚上，我和春蘭下班回家，見媽咪寫的字條，知道劉伯伯和媽咪已去GS公司，想必是GS公司請吃晚餐，然後發表演講。

晚間電視新聞已過，式資仍未回來，打電話到GN公司，他也不在辦公室，我就判斷他是去了GS公司。春蘭將信將疑不置可否，我一時衝動，關了電視機，催著春蘭準備出發。

「那兒去？」春蘭問：「該不是去聽劉伯伯演講吧？」

「正是！」

「已經快八點了，小姐。」

「不管！」我說：「聽一半也好。」

到了GS公司，問明了演講場地，就直上二十一樓。出了電梯，就見會議大廳的出入口，擠滿旁聽的人，我不由分說，拉著春蘭便鑽進人縫。直衝到後排座位前，發現連講台左右兩側也站滿了人，真可說是盛況空前。

看看手錶，已經八點二十分。我問旁邊一位男士，是不是快結束了，那男士說：「你聽，現在只剩下發問時間！」

「剛才講的題目是什麼？」春蘭問道：「是不是現代人社會盲點的省思？」

「對，已經講完了。」那人說：「你聽，劉教授在回答問題。」

「本來今天不談政治，但是，既然有人引發政治話題，如果不說出我的觀點，又覺骨鯁在喉！」劉伯伯聳聳肩膀說：「我聽說有人不要大陸，卻從未聽說有人不要祖產。

「對岸說，臺灣是大陸的一部份，這邊為什麼不說大陸也是我們的祖產？

「保有臍帶關係，對現實無害，對後代子孫絕對有利。眼前彼岸儘管皮相寒酸，但腳底下卻踩著金山銀山！

「從民意結構看，傾向中間路線的佔大多數，也就是不務獨、不急統、順勢互動、水到渠成。這種民意取向，無疑是安定、安全的主導因素。我的答覆，那位發問的朋友滿意嗎？」

全場以鼓掌迴應。

「可是，那邊的當權派並不這麼想，這邊又有人隔海呼應。」又一位聽眾問道：

「如果，雙方缺乏交集，即無法取得平衡點，請教該怎麼辦？」

「有人說，統一將是一條漫長的路，我認為也可說統就統。」劉伯伯分析說：「關鍵在大陸那邊是不是有開闊的胸襟和前瞻的眼光。如能心胸坦蕩、光明磊落，現在就昭告世界，繼經濟改革開放，進而政治改革開放。能主動宣示，黨禁、報禁一起開放，統一的先決條件就已具備了。」

「那邊黨禁、報禁一起開放，是不是意味著，這邊的政黨，都能登上大中國的政治舞台，公平競爭？」聽眾之一發問。

「是的，不然怎麼叫政治開放？」劉伯伯答。

「那樣一來，所謂臺獨、獨臺，豈不消弭於無形了？」

「對，只有傻瓜才會劃地自牢。」

那聽眾猶疑地問：

「可是我們的同胞，仍不願現在就統一，西德的急統，做了錯誤的示範。」

「我們要統一，不能採取東西德的模式，簡單地，國號、國旗取決全民，政治體制宜採邦聯制。除國防、外交，必然一國多制，這樣的憲法架構，臺灣地區人民的福祉就不會因統一而被稀釋或喪失。」

「那麼，我們這邊的統派，為什麼不向那邊的政權喊話，光在這邊爭得臉紅脖子粗？」

劉伯伯幽默地說：

「他們是扭到脖子了，所以，搞錯方向！」

全體大笑，掌聲歷久不衰。

主持人張總經理走到劉伯伯身邊，說了幾句悄悄話，然後對準麥克風擊掌二下說：

「好了，劉教授這樣精闢的解析，相信各位一定非常滿意。請別忘了，今天的演講，是劉氏父子接力賽。後半場的講題是新儒家的愛情、婚姻觀，現在開始休息五分鐘！」

全場嘰嘰嚓嚓，又見不少人一窩蜂地衝向盥洗室。我和春蘭利用這個機會與媽咪會合，主持人張總立即請前排的來賓移出兩個座位，讓我倆坐在媽咪身邊。

五分鐘過了，張總和式資從貴賓室出來，我和春蘭也跟著大家鼓掌，但卻不敢正視講台，在張總作了介紹之後，我猛一抬頭恰與式資視線相接，不用說我有觸電的感覺，本能地將視線迅速移開。

媽咪問我，式資為什麼選這麼個題目，我搖搖頭表示不知道。其實，他奉邀來這兒演講，事先也沒告訴我。

台上的式資，見台下安靜下來，劈首就說：

「愛情像什麼？

「愛情像氣球，充了氣就會上升，但升得快，爆得也快！

「愛情是什麼？

「愛情是兩性相吸、兩情相悅的心電感應。惟其有情人才會有戀戀的情愫，所以，情人又稱戀人。戀人持續不斷的放射與吸收，這種情愫上的互動，就叫戀愛。其實，愛情與戀愛，是一而二、二而一的情愫升華。

「愛情不是人生的全部，但卻絕對是生命的活塞。得不到愛情，會覺得生活乏味；失去愛情，更會意志消沉。

「拿破崙滑鐵盧一役的戰敗，兵家指係犯了逞強躁進的大忌。但他身在前線，卻神牽夢縈著後方的愛人，總是擔心她不甘寂寞而移情別戀，以致心神不寧、亂了方寸，這毋寧是慘遭失敗的主因。

「很多傑出的科學家，都在私下承認，是先贏得了穩固的愛情，才在發明的領域上，大放異彩。可見愛情對人生的成敗極具關鍵性。

「愛情當然不等於婚姻，但戀愛通常都會走向婚姻。因之，婚姻是愛情的歸宿而非愛情的墳墓。

「然而，為什麼有人徬徨於紅地氈的邊緣，也不乏夢碎於婚姻的袵蓆之上？

「這問題很難一語道破。自古以來，抒情詩詞吟不完；言情小說道不盡，但千篇艷史一樣愁，讀來讀去總是歎。

「不過，果真人為希望而活，那麼，戀愛和結婚應是人生第一個夢。誰也不能否認，在這方面已經或正有著美麗的憧憬。

「多元社會的愛情觀和婚姻觀，無疑地也是多元的。有人為了結婚而接受愛情，也有人只要愛情不要婚姻，還有人根本是一杯水主義。

「健不健康，那是見仁見智，至少都在法律許可之內。

「若依新儒家的標準看，人生在世不是為了享樂。假如吃喝玩樂是人生的全部，那與行屍走肉何異？

「人生在世，要懷有使命感。除了創造繼起的生命，還要傳承優質文化，推動進步搖籃。不管有生之年，能否有所貢獻，只要付出努力，就算不虛此行、不枉此生。至於愛情、婚姻，幸福快樂，那不過是目標原則下的能源、動力和潤滑劑而已。」

式資講到這裡，顯然自覺這種近乎說教的方式，不如雙向激盪較有交集。於是，他鼓勵大家可隨時發問。

有人立刻回應說：

「請問，情人的眼裡，真的容不下一粒砂子嗎？」

提這問題的人，不用說，還沒談過戀愛。

「除了一杯水主義，不論抱持何種愛情觀，都有一個共識，那就是情人眼裡不能有砂子。不過，人性中猜疑、嫉妬，會衍生假性砂子。這就是為什麼情侶間或閨房中，常會無風起浪的原因。

「人生逆旅，本即起起伏伏，愛的路上自然難免有曲折。然而，每個人都生來腳尖向前，不能因為命途難卜，就畏首畏尾、裹足不前。」

式資見發問的人不多，就繼續自我發揮。

「健康的愛情和婚姻觀，應注重心靈的升華。如共同的語言，相近的興趣和良好的默契，也就是相互欣賞和相互包容。至於外在的條件，諸如美醜、高矮、肥瘦，應歸結一個緣字。所謂青菜蘿蔔各有所愛，香蕉芭樂各有所鍾。不過凡事不能求全，魚與熊掌不易得兼，即使捨熊掌以就魚，還看本身的小池塘，是否容得下。

「相聲中有這麼一段：龍配龍、鳳配鳳，虼蚤配臭蟲。虼蚤怎會跟臭蟲相配？原來一個擅鑽一個會蹦，恰好可以互補。

「像舉案齊眉典故中的梁鴻與孟光，不熟悉這個故事的人，會把梁、孟二人幻化成郎才女貌的登對。其實，孟光是個既肥又黑的醜女。蜀漢諸葛孔明，也娶了個黃髮黑膚的醜妻，但她們都像芝麻香蕉，不中看卻風味絕佳！

「婚姻問題專家，把兩性關係的話題炒過了頭。不僅演變成市井間男人與女人的戰爭，如今帝王之家也受到感染。不信，事實擺在眼前，英國查理王子與戴安娜王妃就在媒體上大曝醜聞！

「凡事過猶不及。從哲學觀點看，也是有得必有失。譬如，美酒佳餚享盡口福，那富貴病就跟著上身。人人出有汽車代步，滿足了便捷的需求，卻也付出交通事故頻傳的代價。

「關鍵性的因素，還在於慾壑難填。工業社會，人人慾望三級跳，試想，問題怎會不多？

「近年來離婚率成長驚人，而晚婚也已成為一種趨勢。菜根人生一書中有曰：女人三十不再尋夢。但那些抱著無夢勝有夢心態的職業女性，在光鮮亮麗的背後，卻隱藏著太多的哀愁和感傷，這究竟是得還是失，值得大家省思！」

「請您解釋一下，新儒家與傳統儒家的婚姻價值觀的基本差異性？」聽眾又問。

「我想，從一而終是舊儒家婚姻觀的特色。此外，傳統禮教，有所謂男女授受不親，當然就不能自由戀愛，而嫁夫從夫，無夫從子，更貶損了女性的尊嚴和地位。

「新儒家早在半世紀前，就跳脱舊傳統的框框。兩性交往強調純純的愛，只有婚後才靈肉不分。而婚姻關係以信心為基礎，不要奉兒女之命結婚，也不要彼此認識不清、瞭解不夠而冒然結婚。既結了婚就要互信、互助、互諒，同甘共苦無怨無悔，此即所謂三互一共。如果一開始就作分手的準備，這樣的婚姻，無疑是脆弱的、病態的。」

有位小姐起身問道：

「孔夫子説，惟女子與小人為難養也。這是不是也有輕蔑女性的意思？」

「有的學者，把小人二字譯成妾侍，其實古人行諸文字的小人，有兩種解釋。心術不正的人叫小人；小孩子也叫小人。惟女子與小人為難養也。是説，女人有時就像小孩子，太寵了就不體貼；冷落些又會心存怨懟。持平地說，那段話形容得十分貼切，女孩子的性格，本來就有點難以捉摸，各位女士、小姐會不會認為孔夫子是大男人主義？」

我回首流盼，小姐們都眼皮兒下垂，只有男士們興奮之情溢於言表。有位男士還站起來冒冒失失的說：

「我猜想，孔夫子的婚姻不怎麼美滿，請問您怎麼說？」

「或許孔夫子的另一半，是個比較情緒化的女人。如果我猜的不錯，您大概也是有感而發！」

台下哄然爆笑，後排有人問道：

「不結婚而有性愛，算不算一杯水主義？」

「不，只有朝三暮四，不重情愛重肉慾，才是典型的一杯水主義。」

「您是不是認為，婚前不論愛得有多深，都應克制本能的衝動？」愛發問的那個男士，似乎有意營造氣氛。

「哈，你問的很含蓄也很尖銳，但我仍願談談我的觀點。戀愛期間，兩情相悅、兩心相吸，在耳鬢廝磨時，每有觸電的感覺。但有些禁區不能誤闖，能有所節制，就是所謂發乎情止乎禮。否則，有一必有再，最後可能是在毫無信心的情況下，被拖進了禮堂。很多婚姻悲劇，並非出於偶然，而是錯誤的第一步就種下禍因。

「婚前為了保持純純的愛，最好的辦法，就是避免幽會於私室。剛才我所說的勿闖禁區，說白了就是愛撫的動作，不可侵犯到最敏感的那一點！」

又引起陣陣笑聲。式資聳聳肩膀，再度展現他的幽默感：

「因為，你從來就不曾自命為現代柳下惠，不是嗎？」

掌聲再起，笑語不迭，竊竊喁喁中夾雜著肯定的讚歎！

此時一個熟面孔的職員，以高亢的聲調問道：

「您是否對柳下惠非常崇拜？」

「是的，孟子一書中說，柳下惠不以三公易其介。意思是說，以太師、太傅、太保三個崇高的爵位，去換柳下惠的人格操守，他照樣無動於衷。

「又有一段，柳下惠曰：雖袒裼裸裎於我側，焉能浼我哉？意思是說，縱然有美女袒胸裸背，在我面前百般挑逗，也不可能挑起我的淫念。聖哉柳下惠，這樣的修持功夫，難道你不欽佩？」

後排那個冒失鬼，又冒出一句：

「他會不會是性無能？」

「這，只有問柳子了，不過我敢武斷，柳下惠不會回應你的問題！」

眾皆撫掌大笑，春蘭和媽咪也面露驚奇之色。而我則十分欣賞式資能在公眾面前大開大豁。

「我很好奇，劉經理是不是以現代柳下惠自詡？」一位小姐嬌聲嬌氣地問，式資正要回答，她又補上一句：「GS的人說，您的愛人就在前座，可不可以請她也證實一下？」

全場鼓掌起鬨。我為表示抗議，扯了媽咪一下，拉著春蘭就離開大會堂。張總慌忙跟了出來，口裡直說抱歉。我們很有風度地跟他道別，他要送我們上車，我們也很有禮貌地予以婉拒。

回到家，劉伯伯尚未去六B就寢，媽咪向劉伯伯抱怨GS的人無禮。我則懊惱地說：

「也怪我和春蘭無心，人家也沒邀請，幹嘛心血來潮去湊熱鬧？」

「還是式資心思細膩，現在才知道我們錯怪了他！」春蘭也自責地說。

劉伯伯不知所云，看著媽咪，眼睛直打問號。媽咪說：

「夜已深了，我們都該休息了，式資回來別再討論這些，有話明天說！」

二老去了六B，我和春蘭也各自漱洗就寢。式資肯定回來的很晚，但什麼時候到家，我並不知道。

# 第九章　除夕夜別有一番滋味

還有五天就是春節，我和春蘭相偕去百貨公司採購年貨，在外面吃了漢堡簡餐才回家。

一出電梯，隔著紗門向屋內望去，吊燈通明卻不見有人。我輕輕開門，春蘭尾隨在後，躡手躡腳地進入客廳。只聽媽咪和劉伯伯在式資房裡交談。媽咪說：

「GS張總明天來，我們怎樣招待他？」

「他雖是校友，論年齡居別算是晚輩，若是午後來，準備簡單茶點就好。」

「要是晚飯前才來呢？」

「那就炒幾樣小菜，招待便餐。」劉伯伯說：「他這個人善飲不挑吃，飯後倒有品茗的雅興。」

「乾脆出去吃，巷口兩邊，中菜餐館和西餐廳都夠水準。」

「儘可能在家裡吃，下館子等於敲他竹槓。」劉伯伯解釋說：「他的脾氣我知道，準會爭著付帳！」

話題忽然轉到式資身上。

「式資也該回來了吧！」媽咪讚美說：「這孩子很上進，最近鋒頭蠻健的，一點不輸你這老爸。」

「是嗎？」

「可不是，張總明天來，還不就是想挖他過去？」

「他是**GN**的人，怎麼向我挖？」

「張總怕**GN**不放人，希望式資先表態，所以，這迂廻的功夫就下到二哥的身上。」

「怎麼妳比我還清楚？」

「我有個臥底的情報員哪！」

「嚄，哦！妳說的可是秋菊？」

「那還有誰？」

「春蘭的耳朵也不短啊！」

「不錯，你不妨叮嚀你兒子要當心，有四隻眼睛盯著他呢！」

「幹嘛，拿我兒子當小偷？」劉伯伯語重心長地說：「說正點的，我不希望式資爬得太快。俗語說，飛得高跌得重，還是沉穩一點比較好。」

「式資憨厚老實，稱得上是個穩健派，放心好了。」

「老實不等於穩健，妳剛才不是說他很出鋒頭嗎？」劉伯伯語調深沉地說：「我就是擔心他鋒芒外露！」

「嗯，鋒芒外露不免招妬。」

「一點不錯！」

「那我就交待秋菊，經常提醒就是了。」

「說到秋菊，又勾起我的心事。」

「什麼心事？」

「這麼大年紀，還不知那年才能含飴弄孫。」

媽咪聞言，咭咭地笑個不停。

「妳笑什麼？」劉伯伯摧促說：「有意見就說出來！」

「我能說什麼？關鍵在你們父子舉棋不定！」

劉伯伯沉默了，似乎無言以對。春蘭則靠在我耳邊悄悄說：

「不能再偷聽了，小姐！」

於是，我喊道：

「媽，我們回來了，您跟伯伯怎麼還不休息？」

「喔，是該回六B去了。」媽咪走出房間說：「我跟妳伯伯在參觀式資的房間，有了很多新發現。」

「什麼新發現？」

「妳沒有注意到，他的衣物、文具和陳設都與眾不同。」媽咪看著劉伯伯說：「

妳伯伯不解說，我還不懂什麼動線、流程那一套。」

「那不是很好嗎？」春蘭說：「記得以前你說式資哥書籍亂堆，這回您可看出門道來了。」

「可是，誰做他太太恐怕都會緊張！」

劉伯伯依著書櫥說：

「這麼說，在妳眼裡我是比較沒條理啦？」

「式資不僅是有條理，而且是太有科學概念了！」

「好了，妳真變成婆婆媽媽了。」劉伯伯揮揮手：「再不走，兩個丫頭也會厭煩了！」

在互道晚安聲中送走二老。剛要關門，式資一腳踏進來，在換拖鞋時，把手中的資料袋，遠遠拋向沙發。我看在眼裡，心裡明白，就以溫柔地語氣說：

「這麼晚，真辛苦了！」

「真豈有此理！」他哼了一聲說：「諒妳也料想不到，連我的頂頭上司，也把嘲諷當恭維！」

「怎麼說？」

「當著很多人，問我一箭雙鵰的感受如何？這簡直就是當眾污辱嘛！」

我默然，不知如何安慰他。

春蘭則說：

「男人嘛，把一箭雙鵰視為美談，你又何必介意？」

「這不是偶然，妳知道嗎？以訛傳訛竟成了大眾笑柄！」

「好啦，回來就是為了放鬆自己。」我笑著安慰說：「天下君子少，何必自陷煩惱，快去洗個澡吧！」

我見春蘭已先自溜進房裡，就在背後推著他進了房間。

我幫他脫掉風衣，又給他一個熱吻，然後像大姐姐哄小弟弟似地，說了幾句悄悄話，就把門帶上，回到自己的房裡。

次日，**GS**的張總打電話到我辦公室來，說是要請劉老師和媽咪吃飯，希望我能作陪。我問他是不是晚上，他說已跟劉伯伯約在中午，並說地點是上賓鋼琴餐廳。

我不明白為什麼要叫我去，但我還是去了。碰巧上賓鋼琴餐廳，這天的主菜是烤火雞。所以，客人特別多，我們是被安排在噴泉旁的一個雙人桌組，臨時把桌子移出來，加了兩把椅子，勉強可以容納四個人。

「何事如此盛情，這地方的基本消費金額可不低呢？」劉伯伯坐定後，微笑著說。

張總答道：

「老師到臺北來，我總有所疏慢，實在於心不安。」

「我猜，今天是有備而來吧？」

「不是有備而來，是有求而來。」

「我能幫什麼忙？」

「坦白說，我們公司創業不久，亟需強勢的管理階層，式資老弟是個優秀人才，我們想向GN借調，可是那邊不放。」張總懇切地說：「老師一句話，式資老弟必會點頭。」

「你不是說GN不放嗎？」

「是啊，式資老弟若是意願很高，公司自然不便強留，您說是吧？」

「哦，你採取的是迂迴策略，那你今天把陳科長邀來，是不是別有用心？」

「沒什麼特別的意思，只希望她肯敲敲邊鼓。」

「呵，一頓飯就能買三張票？」

「老師，今天有烤火雞，這可是別的椿腳沒吃過的！」時逢選舉，有些時髦語彙，也派上了用場。

媽咪被張總的風趣逗笑了，也東施效顰地幽了一默：

「賽斯大不如合身，更具吸引力。」

「是主導研究發展的副總，您看還有吸引力吧？」

「對式資來說，是蠻具吸引力的，不過，能否勝任愉快才是重點。」劉伯伯說。

「我想，那不成問題，問題是老師肯不肯作主！」

「秋菊，你有什麼看法？」劉伯伯看著我說。

「我沒意見。」不過，我提醒張總說：「有個訊息說，總機構有意把他調到GY大飯店，張總是不是先瞭解一下？」

張總聽了一愣，然後說：

「謝謝您，我會打聽清楚。」

於是，順勢轉移了話題，直到買單離去，未再回到原點。

下午，剛進辦公室，祝賀聲就此起彼落。大家要我請客。為什麼請客，我當然心知肚明。公司人事章程規定，擁有博士學位者，初任居滿一年且考績甲等以上，即應專案提升。我來公司超過一年，年度考績列為優等，依例即應擢升副主任，雖然此案作業流程跳過我，但我知道隨時都會傳來佳音。因此，同仁們的聒譟，一點不覺訝異。

晚上回家，春蘭急著報喜，我嗔怪說：

「副主任等於副理，在人家經理面前炫耀什麼？」

媽咪不以為然地說：

「升遷就是肯定，照你這樣說，式資爬得比妳快，妳豈不永遠也喜不起來？」

「對，妳升官了我們都為妳高興。」劉伯伯轉向媽咪說：「反過來說，謙虛也是美德呀！」

「我請客。」式資終於開了腔：「到香格里拉為妳慶賀一番！」

「為什麼不到上賓去？那裡的咖啡真棒！」春蘭建議說。

「上賓中午才去過。」媽咪說：「不如要秋菊請客，買個大蛋糕，在家裡歡喜一番。」

「好，我請客！」我回應媽咪的意見。

「還是我去買。」式資說：「既省錢又能表達心意，皆大歡喜。」

「式資真的不輸老爸，連思維也是一個模式。」媽咪明褒式資，暗貶劉伯伯。

「妳這是罵人不帶髒字兒。」劉伯伯又對式資說：「快去快回，下次你升官，要忍痛大方一點，使她們娘三個徹底扭轉對咱爺兒倆的刻板印象！」

我和媽咪都笑了，春蘭則一旁鼓起掌來。

式資加了衣服開門下樓，我提著皮包跟了上去。

「我陪你去，你這有福之人，離了司機就沒轍了！」

「真體貼。」進入電梯，式資說：「來，賞給妳一個……」說著，就冷不防在我臉上偷吻了一下。

我瞅了他一眼，雖嗔猶喜地說：

「討厭，你就喜歡送這個不化錢的禮！」

他洋洋得意地說：

「只要妳領情，就證明不化錢的禮，也一樣受歡迎！」

「我領情了嗎？」

「是啊，女人總是說反話。」

「討厭！」雖然嘴裡又這麼說，但手卻插進他的肘窩，相偕走出電梯。

在去美琪蛋糕專門店的路上，我把GS張總乘興而來敗興而歸的經過告訴式資，不料他倒意願很高，我困惑地說：

「GS公司與GN相比，簡直是小巫見大巫。那邊的副總，等於這邊的經理。再說，年終獎金和員工配股等福利，都相差很多。」

「GS雖然起步晚、規模不大，但它的前景可觀，以目前的航太電子產值，就有擠入全球前十名的實力。」

「這麼說，是我自作聰明！」

「無所謂，擁有妳等於擁有一切。」他反過來安慰我說：「其實，妳是對的，我要到那裡，決定權不在我，也不在GN。」

「對了，你是柴少東手上一顆棋子。」我一高興口不擇言，連忙更正說：「不，你是他鍾愛的明白之星！」

「其實，員工就是老闆手上的棋子，只是擺在那裡，要看每個棋子是車馬砲還是將士相。」

我沒再說什麼，但對他這段話由衷折服，一邊開車，一邊細加玩索。

回來時，家裡氣氛大變。

燭光、鮮花，還有熱騰騰的咖啡，儼然是慶生的場面。我問媽咪，是不是要給我提前長尾巴？媽咪說，這只是營造氣氛，有喜氣才會更加開心。是的，我一進門就極為驚喜，這不僅是有形的氣氛，我更感受到親情和友情的溫馨，還有那滋潤心靈的愛情。

在切蛋糕時，當然不會唱生日快樂歌。劉伯伯以「菜根人生」裡面的三段話勗勉我，他說：

「輕意到手的物品不以為貴；輕易到口的瓜果不覺甜美。

「一分物慾，三分煩惱。物質享受愈高，精神真空愈大。

「樹可百年長青，人只十年好景。女人三十不再尋夢；男人四十取向已定。」

媽咪說，她也要背上一段：

「婚前貴相知，婚後重默契。只朋友緣勿輕嫁；有夫妻份早迎娶。」

背完了，媽咪注視著式資，式資則回應媽咪說：

「阿姨，您不如乾脆說，好花當折直須折；莫待無花空折枝。」

春蘭趕忙插嘴說：

「蛋糕切了，怎麼不分給我們吃？吃了蛋糕，我來獻唱一首好聽的歌。」

「妳現在就唱，唱完了再吃，否則，蛋糕粘在喉頭，唱出來也變了調。」我催促春蘭說：「快呀，唱什麼歌？」

「其實你不懂我的心。」

「這支歌不錯，你們三個何不一起唱？」劉伯伯拉著媽咪，坐在餐桌一端，靜靜地望著我們三個。」

不知怎麼來的默契，我和式資自動自發做了春蘭的合音天使。稍後，二老摸清了節拍，就以手輕輕打著拍子。唱完了，劉伯伯直誇好聽，媽咪說：

「他們正是唱給您聽的呀！」

大家吃著、喝著、唱著，忘情的歡笑著，突然春蘭說肚子不舒服，隨即逕自回房。劉伯伯和媽咪相顧錯愕，我見式資也是一臉茫然，就亟思找個話題，藉以恢復剛才那種歡愉的氣氛。但，一時就是摸不到著力點。……………

劉伯伯和媽咪這次在臺北的日子最久，回臺中的那天，約定兩天後去臺中過春節。當然春蘭也不在臺北，這是六A第一次唱空城計。

春節，已不像我童年那樣熱鬧。除夕也不時興守夜辭歲那一套，連爆竹聲也稀稀落落，似乎年味一年不如一年。

我們老少五口，圍著火鍋吃年夜飯。火鍋的熱力四射，霧氣濛濛，但在我的內心世界，卻是歡樂感傷交織；憧憬落寞雜陳。

以我和交傑來說，爸爸非爸；對式資而言，媽媽非媽。反過來，以劉伯伯和我母親的立場看，媳婦和女婿都得冠以「準」字，而這「準」也不一定「真準」。因此，與其說是闔家團圓，倒不如說兩府聯歡較為貼切。

劉伯伯住的大樓，是棟鬧中取靜的歐式建築，樓高十層，劉伯伯是在第八層。室內面積不大，也是三房兩廳的格局。除主臥室之外，一個房間是式資的，另一間做為書房兼客房。劉伯伯要我睡客房，文傑只好和式資共睡一張床了。

吃了年夜飯，二老和文傑，留在客廳看電視，我則跟式資來到他的房間。

這間臥室，才是式資真正的窩。他曾引述孟子中一段話，「無恒產，因無恒心。」在他有能力置產之前，這就是他唯一的「恒產」。所以，他常說：「我的根在臺中」，大概就是這個意思。

我對式資的房間非常好奇。因為，從高中到大學，他在這房裡成長，也在這房裡作夢。

房間靠牆擺了兩個玻璃書櫥，一張伸縮書桌，也堆滿了中外書刊。不到五坪大的房間，卻有一張雙人床。床頭櫃的中央，擺放著一個藝術相框，裡面是一位貴婦的彩色照片。面貌慈祥而氣質高雅，不用問那一定是亡故的劉媽媽。

我怕勾起式資思母之情，一瞥即把視線移開。但還是情不自禁地說：

「劉媽媽好有氣質！」

式資並沒立即回應。他把書桌前的旋轉椅子反轉過來，拍拍椅墊要我坐下。他則雙肘抱著後腦，仰靠在床頭櫃內角，那疊得方方正正的毛毯和棉被上。

「每次回臺中，我都在夜深人靜時與母親默默相對一兩個小時。」式資平靜地說：「雖然聽不到母親的聲音，但藉著香煙繚繞的幻覺，我自信母親能聽到我內心的聲音！」

「你現在還那麼思念伯母？」

「是啊，母親去世太早，我老爸對她虧欠太多，我也沒盡半點孝心。」

「伯父伯母鶼鰈情深，怎麼會有虧欠？」

「當年在那艱苦的歲月裡，父親讀研究所，母親獨力負擔家計。」式資回憶說：「老爸告訴我，母親是教育機關的公務員，月薪菲薄，因積欠房租，一年之內兩度被逐。第三次是二房東藉口自用而收回，後來才知道，一板之隔的二房東，是怕母親生產後，會影響他們的寧靜，那年母親肚裡懷的正是我。」

「伯母真偉大！」我面對遺照，不禁肅然起敬。

「隨著經濟起飛，社會繁榮，父母的收入日豐，家庭幸福美滿，親朋無不羨慕。」式資歎息說：「可悲地是命運作弄人，大三那年母親遽逝，不久，父親也憂勞成疾，臥病長達兩學期！從此，我再也不曾真正快樂過。」

「伯母葬在何處？」

「回歸大自然！」

「聽不懂？」「父親把物質不滅論，引伸為生命永恆論，認為生死是花開花落的循環。母親深受老爸影響，生前排斥入土為安的說法，而外公一家思想也很開放。就這樣，在毫無異議的情形下，遺體火化後，就由父親與我輪流捧著骨灰罈子登上阿里山，撒在繁花覆蓋的山谷之中。」

「噢，清清白白地來，乾乾淨淨地去，堪比羽化成仙。」但我又質疑地問道：「那你為什麼還要燒紙上香？」

「我不曾燒過冥紙，上香是製造幻象，藉著香烟繚繞，牽動冥思而已。」

「有沒有和伯母陰陽通靈過？」

「夢中有過！」

「做過什麼夢？」

「夢中母親曾經為我蓋被，還要我努力上進，孝順老爸。」

「依你的想法，做夢也是心靈的感應？」

式資拉著我一起坐在床邊，居然對我大談夢經。他說：

「要瞭解夢的成因，必須先從心電感應等有關生理現象入門，人世間所謂心電感應，實際上就是腦波訊號的『扣應』。

「人與人之間，最常用的溝通訊號，是眼波、手勢和口語。眼睛打出的訊號，有若軍艦的燈號，手勢打出的訊號如同旗語，至於口語所發出的訊號，恰似電台發出的音波。這三種訊號，都必須透過大腦視聽神經加以判讀。

「眼波、手勢與口語，其本能的極限，都在百米以內。即使再經過數千年的進化，也無法有所突破，要克服這一弱點，只有仰賴電子科技，事實上，這方面的科技產品，早已十分普及。

「腦波的直接感應是存在的，以雙胞胎為例，哥哥腦波發射訊號給弟弟，弟弟會立即有感應。

「為什麼這種感應，在雙胞胎以外的人很少發生？原因是各個腦室內沒有共同的密碼，所以，不能產生『扣應』效應。

「腦波的直接感應，也有其極限。大約不出日常的生活圈。中國大陸的異能者，號稱能在千里之外發功，那是故弄玄虛，拆穿了不過是個騙局。

「我兜了一個大圈子，才回歸到夢的原點，是想厘清夢與心電感應等生理現象的關係。簡單地說，人在入睡才有夢，做白日夢一語，是純文學的諷刺語。

「夢的成因，離開心理反射作用，便會喪失理論基礎。夢也不會產生雙向的心理『叩應』效應。

「但是，夢藉著基因傳承，能將上游的資庫，傳輸給下游，像幾代前的先人，能在夢中見到即為一例。

「白天的焦慮，也能出現於夢境，這是屬於精神狀態的心理反映。所謂日有所思、夜有所夢，就是這一心理現象地寫照。

「換句話說，夢中真實的故事，應是記憶基因傳承下的錄象重播。虛構情節，則是現實感觸的心理效應。

「因此，我常與母親夢中相見，但我從不認為是真的陰陽通靈。」

好長的「夢」話，直到最後我才略有概念。因此我說：

「這一課你講得很辛苦，我聽來也蠻艱澀，該說晚安了吧？」

於是，我做個手勢要式資站開，然後替他和文傑擺了兩個單人枕頭，又把兩個被筒舒展開來。

「好了，早點睡吧！」我吻了他一下說：「我想，文傑也應該睏了。」

「謝謝，晚安！」

「哦，明天不要賴床，你不是老早就說，過年要去雲仙樂園一遊。」我提議說：

「何不邀文傑一道去？」

「我請二老也去！」

「那更好，你試試看。」

十分鐘後，我沐浴盥洗完畢，穿上睡衣走出房間，客廳已空無一人，只有吊燈中央一枚燈球亮著。式資的房間則從門底透出一線燈光。我判斷他和文傑還沒睡，就走近附耳傾聽，裡面竟有低聲泣訴的聲音，我不禁怦然心驚，那顯然是式資的聲音。

我急忙去敲主臥室的門，媽咪打開房門問我什麼事。我說文傑怎麼不見了。媽咪說，被同學約了出去，辭歲以後才會回來。

坐在床邊的劉伯伯招招手要我進去。我把式資閉門自苦的情形告訴劉伯伯，不料劉伯伯卻笑著說：

「不要擔心，每年除夕式資都會向他媽媽馨香禱告，這是他發洩思母情懷的一種方式，如不驚動他，明天會更好。」

「男兒有淚不輕彈，他那麼大了，怎麼還不脫稚氣？」

「妳不瞭解男人，在私底下，男人有脆弱的一面。聰明如妳，最好不去干擾他，等他恢復平靜，再不露痕跡地施予溫慰。」

「是啊，溫慰不能傷及自尊。」媽咪附合著說。

「伯父，我現在就想去他房裡看看，但不多問可以嗎？」

「不，現在不宜。」劉伯伯解釋說：「如果，妳已是他的妻子，現在就該進去，但妳還不是。」

「…………」我沉默無語，不知如何是好。

「我說過了，沒有什麼。」劉伯伯突然以自責的語氣說：「妳聽說父債子還這句話嗎？你們的婚事之所以卡在那裡，是我欠下人家太多的恩情債。」

這話使我感到十分困惑，但又不敢發問，只好笑笑表示領悟了。

回到客房，輾轉反側無法成眠。起身如廁，想起春蘭才恍然大悟。這無疑是冥冥之中，春蘭和我的命運在角力，但我能怨誰？怨上一代太過自私？怨式資個性優柔？還是怨春蘭態度曖昧？

說來說去都怪自己，如果不強拉春蘭做室友，就不致造成這種局面，又怎麼能怪罪命運作弄人？

天寒心更冷，我凝望著天花板，漸漸陷入苦思冥想的泥淖而難以自拔！如果說，這也算領略守夜、辭歲的傳統，那可真是別有一番滋味在心頭！

# 第十章　教授老爸以他爲榮

一年容易又逢秋，轉眼間行憲紀念日已到。先一日式資接到魯愚打來的電話，詢問劉伯伯是否人在臺北，並告知GT機構，柴副總裁要專誠拜訪。式資回說，劉伯伯想在明天下午回臺中。魯愚則請式資轉告劉伯伯多留半天，如果沒有什麼不便，請給柴少東的秘書回個電話。

我問式資，魯愚和柴少東什麼關係，為什麼拜訪的事，由他居間安排？式資表示亦不盡了了，只聽說魯愚留美期間與柴少東一度同窗。

吃晚餐的時候，式資把一小時前，魯愚來電話的事，向劉伯伯報告。劉伯伯也猜不出柴少東為何要登門造訪，但囑咐式資明天一早回話，他會留此候客。

第二天下午二時，對講機的蜂鳴器大鳴，式資趕忙拿下聽筒「喂」了一聲，就轉頭使個眼神，暗示要等的客人已到。於是，劉伯伯起身迎迓，我和媽咪則躲進房裡廻避。

客人進門第一句話：

「這客廳的佈置很典雅，是不是劉經理設計的？」

「不，我沒學過室內設計。」式資回答說。

「你沒學過的事，照樣做得比別人好。」

「小兒在您旗下做事，不好也不行啊！」劉伯伯此語一出，引起一陣哈哈。

客人坐定後，又互相寒暄一番。劉伯伯說：

「少東光臨，有何見教？」

「我對劉老師仰慕已久，始終無緣一親教範。日前與魯愚兄談論您的一部新著，他才說出劉經理是您的公子，我聽了真是喜不自勝。」

「有這麼回事。」魯愚解釋說：「當我們討論『現代人的價值觀』那本書時，我說著者的兒子，好像就在GT關係企業那家公司任職。」

「於是，就引起了少東的興趣是吧？」

「多了一層關係，就不致吃閉門羹了。」

「好說，好說，今日的GT如日中天，您找我閒聊，簡直是浪費時間。」

「老師這話言重了，我不過是幫助家父分勞，該學習的事太多，說請教確是由衷之言。」

「令尊的健康有進步吧？」

「先天遺傳病灶，加上年事已高，過度憂勞還是不行。」

「是咯，這就需要你全心輔弼了！」

這時，我因感冒未斷根，忍不住喉頭發癢，就用手帕捂著嘴輕咳數聲，耳尖的柴少東立刻說：

「老師，家裡還有人吧？」

「是的，不瞞你說，有女眷在，她們都很保守。」

「不好意思，我來攪亂了正常的生活，還是請出來一起坐，否則，我得馬上告辭了。」

「好吧！」劉伯伯說：「我試試看。」

媽咪還是不願出去，我只好在後面推著走。

經過介紹後，媽咪說：

「你們男士談的都是正經事，我們何必出來做花瓶？」

「妳錯了，今天不談正經事。」主客都笑了，劉伯伯接著說：「秋菊躲在房裡，式資就沒轍了，妳們看，是不是他補茶的動作，很不俐落？」

我急忙把茶壺從式資的手中接過來，在為魯愚補茶時，他說：

「陳小姐，妳和式資兄，倒底什麼時候請吃喜酒？」

我注意到柴少東也在看著我。

「您是問我嗎？」我羞怯地說：「今天不談這個！」

又是一陣哈哈。柴少東說：

「想不到魯愚也會碰釘子。」

話題慢慢嚴肅起來。

「劉老師，這次國會大選，投票前企業界憂心忡忡，好在選後人心趨穩。」柴少東問道：「您對未來政局的發展持何看法？」

「應是保守的樂觀。」劉伯伯分析說：「選風有進步，過程熱鬧而不失平和，執政黨仍擁有過半數席次，有助政局穩定。對經濟發展、務實外交乃至兩岸緊張的緩和，都具正面的意義，也為開發中國家的民主發展，起了示範作用。」

「執政黨微數過半，國會立法運作是否會有困難？」

「會的，第一、執政黨必須放下身段與在野黨協商、妥協。其二、重要法案若要動員強勢表決，執政黨立委必然有人趁機需索。」

「這種情形，相信多數選民不希望看到。」魯愚表示看法說：「不過，從長遠看，未必不是好事？」

「怎麼說？」柴少東有些不解。

「執政黨這次在驚險中拿下半數，應會知所惕勵，加緊黨內革新，對下屆立委選舉應是利多。若這次勝得輕鬆，就會躊躇滿志、因循顢頇，為下屆選舉埋下變數。」魯愚改以高亢的語氣說：「這就完全不出老師的得失循環論。」

「喔，有道理！」柴少東又面向劉伯伯說：「有人反對積極爭取重返聯合國，甚至搞務實外交也說是浪費民脂民膏，老師的看法如何？」

「現階段重返聯合國的訴求，是要國際社會不要忘記中華民國的存在。假如，在此一世界舞台，聽不到我們的聲音，那就難怪別人誤以為中華民國已不存在。」劉伯伯進一步分析說：「務實外交，除了爭取與國，另一目標是努力擠進聯合國的周邊組織。如果放棄這些努力，國人的腳步將跨不出國門，更甭談擴展經貿了！」

「有人主張國家元首，應赴對岸輸誠，以化解敵意，老師以為如何？」

「這是投降主義的論調。」劉伯伯嗤之以鼻地說：「我沒聽說，當香肉店猶在烹狗，搖尾乞憐就能使其放下屠刀!?」

「我也認為，那只會助長對方的氣燄。」魯愚說：「能戰始能和嘛！」

劉伯伯引伸魯愚的話說：

「戰，不一定是兵戎相見。我比較喜歡引用另一名言：最佳的防禦，就是攻擊。我個人的心得則是：怎樣的對手，怎樣過招；怎樣的戰爭，怎樣打法。簡稱四怎法則。」

「老師認為我們能祭出的法寶是什麼？」魯遇問道。

「針對彼岸因缺乏交集的不耐，我方可加大分貝作攻勢喊話。」劉伯伯指出：「唯有解除黨禁、報禁，放棄一黨專政，才能營造統一契機。換言之，開放政黨政治，恢復新聞自由，是邁向統一的先決條件。只要對方存誠立信、勇於自悔，隨時都可以坐下來談。」

「這恰好搔到癢處！」柴少東又問：「那麼弱國無外交一說，能否成立？」

「弱國無外交，難道能徒恃武力不成？」劉伯伯不以為然地說：「戰後復國的以色列，之所以能在強鄰環伺之下生存發展，不是單憑國防力量，策略性外交毋寧扮演了關鍵性的角色。」

「老師，讓我來舉個實例吧！」魯愚指出：「春秋戰國時代，魯國雖小卻能無懼外患。有一次齊國田常企圖滅魯，子貢自告奮勇，僕僕風塵，奔走游說，以其三寸不爛之舌，剖析大勢、點出利害，卒使南方的強楚，發生牽掣作用，魯國的危機因而化解於無形。」

「足見外交策略運用成功，勝過百萬雄師，小國尤其不能沒有外交。」

柴少東聽了連連點頭。少頃，談興一轉，就切入人生哲學的範疇。

「老師，能不能給企業界一點意見？我是說，很多企業領袖，面對什麼黑金政治、政商勾結、金權掛勾等選舉症候群，非常無奈，也深感委曲。因此，對人生目標更覺模糊迷離。」

「企業家應該不以創造個人財富為已足，還應該懷有兼善天下的宏願。」劉伯伯語重心長地說：「如果緊抓商機，是為國家繁榮經濟；投資設廠，是為社會提供就業機會。那麼，褒貶由他，我自心安理得。當然，宵衣旰食，也不會覺得不值。若能贏得尊敬，就不僅領略成功的滋味，還會獲得實質的快樂！」

「老師一席話，勝讀十年書！」柴少東從懷中取出一份聘書說：「劉老師，GT機構禮聘您為名譽顧問，這是總裁的聘書，請您務必接受這份誠意！」

「呵，原來是有備而來，這……。」

「什麼這、那，老師豈可拒人於千里之外？」魯愚大敲邊鼓。

「這麼說，恭敬不如從命了！」

「不是從命而是俯允。」

「走，我們去慶賀一番！」柴少東解釋說：「不是慶賀老師膺聘，是慶賀GT太有面子了。」

大家一起跟著下樓。在一樓門庭，巧遇春蘭赴同學喜筵歸來。劉伯伯介紹說：「這位是我乾女兒，李春蘭！」

「幸會，幸會。」柴少東作勢說：「走，請加入我們的行列！」

柴少東一句風趣話，又引得眾人發笑，春蘭也身不由己地鑽進我的車子。

柴少東的車帶頭，左彎右轉，居然到了GY大飯店！

春蘭對我附耳說：

「這還用說，肥水不落外人田嘛！」

「也許是要我們見識、見識。」我說：「妳進過五星級觀光飯店沒？」

「凱悅是幾顆星？那裡我們不都去過！」

車子交給舶車小弟，我挽著媽咪的手，春蘭則跟在我後面。大家在一樓大廳會合，就搭透明電梯，一直上升，到了頂樓電梯才停，原來這是柴少東的「指揮中心」。

剛出電梯，把關的秘書小姐就向柴少東報告說：

「都遵照指示交辦了。」

柴少東點點頭，回頭作個手勢，要我們跟著進去。

柴少東辦公室隔壁，是一間會議室，這會兒佈置成臨時宴客廳。有聖誕彩飾，還有聖誕樹，中間一張長桌上，擺了全套餐具，還有冷熱飲料及小點心。

賓主按西式禮制坐定後，少東說：

「昨晚在這裡舉行過小型舞會。平素很少橫的連繫，難得把各事業單位高級主管和女眷邀來輕鬆一下。」

「這麼一佈置，氣氛蠻好，要比在宴會廳跟客人混雜一起，可要自在得多。」劉伯伯稱讚說：「看起來秘書室當值人員效率驚人，您在車上以行動電話交代，就迅速準備就緒，這就是企業精神的表現。」

「有您這番誇獎，比給他們記功還受用！」少東說：「請用點心、飲料。」

「今晚，倒像是小型校友會。」魯愚說：「我是劉師師的嫡傳弟子，柴副座與式資老弟也是先後期的校友，不知兩位小姐是不是也是校友？」

「不是，貴校是五星級，我和李小姐都差一級。」我回答說。

「好說，不是校友，也是校際聯盟。」柴少東風趣地說：「今天又變成一家人了！」

這時，一位秘書走到柴少東的面前說：

「柴夫人正在路上，十分鐘就會到。」

柴少東點點頭，看了看手錶，就對劉伯伯說：

「家父的創業理念是『事在人為』，老師對這句成語如何詮釋？」

「『事在人為』有三層涵義，一是只要努力去做，便有成功的希望。二是戲法人人會變，巧妙各有不同。其三是人才決定成敗，有人才並使人才適所，就沒有不成功的道理。」

「家父的理念屬於第一種，而我則傾向第三種。因此，我把羅致人才、儲訓人才列為首要，惟能擁有第一流的人才，才能穩執成功的牛耳。」

「我同意您的看法，不知有無發掘人才的訣竅？」

「有，我有一套笨拙的辦法。除基本素質之外，儘量發掘其潛力，然後針對其性向、韌性，給予歷練的機會。」

「非常高明，有沒有具體成果？」

「有，劉經理就是個現成的例子。」

少東此言一出，視線全都投向式資，只見他面色倏忽通紅。

就在這時，一位華貴嫻雅的女士走了進來，不用說她就是柴少東的夫人了。

經過介紹後，少東夫人坐於女主人的位子。少東繼續說：

「各位知道本機構在南部有家塑膠公司，以生產PVP為主。但產品外銷，總是競爭不過同業。」

「什麼原因？」劉伯伯說：「是不是設備落後？」

「不盡然。」柴少東回憶說：

「有一天我和GS張總談起此事，他建議我不妨派CN的劉經理去考察一番。我當時直覺地反應是這意見很荒謬，經他說明道理，我勉強採納，不料他果然幫了大忙。」

「您說的可是式資老弟？」魯愚說：「怪不得有一段時間，老師說他不常回家，原來是出差去了。」

「我想，由劉經理來敘述那段經過，可能會更有概念。」

於是，式資不再跟我們一樣，此刻他的嘴巴有了發揮的空間，人也儼然成為焦點。

他說奉命之始，先聽取有關簡報，然後實地瞭解生產儲運等作業流程，終於發現，成本結構卡在儲運上。於是，他提出改進建議。第一、於廠內裝卸月台內側，加蓋接駁站，並架設履帶輸送機。每次外銷數量的一半，先運儲接駁站，等鐵運車皮一到，立刻進行裝載作業。接駁站一邊出貨一邊補充，如此吐納啣接，大大提高裝車效率，切實掌握發車時間。第二、依照貨輪開航通知，精算裝卸及運程所需時間，再做好車皮及時調度進廠的交涉工作，使全程作業緊密啣接、一氣呵成。

「這樣做，既可節省限時裝載的支援人力，還可省掉碼頭倉儲費用。」式資畫龍點睛地說：「更重要的是再無延誤船期，坐失商機之虞！」

「還有一件事，也值得一述。」柴少東向式資提醒說。

「我到工廠視察時，得悉運送內銷聚氯乙稀的司機們，出車率奇低，常常招致客戶抱怨。尤其是各造紙工廠，鹽酸貨源不繼，就必須減產，客戶不堪損失，常中途要求解約。……」式資話猶未了，少東向他做了一個打住的手勢。

「我要插一句。」少東說：「PVC廠有油罐型卡車二十輛，這二十輛卡車，每天各少出貨一次，一個月累計的損失就相當驚人！據廠長說，是由於司機待遇較其他工廠為低，所以司機們就以中途塞車或客戶延遲卸貨為藉口，而在路上磨蹭時間，以遂其消極怠工地目的。」

「這種發洩不滿的方式，常會造成惡性循環。」魯愚說：「假使工廠虧本，要強求調薪也難！」

式資則解釋說：

「關鍵在公司深怕連鎖效應，如果給司機單獨加薪，就會影響其他員工的情緒，這就等於救了火災又招來水災。」

「那你是怎麼擺平的？」魯愚頗有興趣地問。

「我設計出一種名叫三合一零缺點獎金制，如果全月車輛一級保養無缺點，每日均能出勤兩次，每次均按定量交貨，那麼，每月便能領到基本工資百分之二十的獎金。全年零缺點，則改以百分之二十五計算。」

「不錯，這辦法能立竿見影！」魯愚拍手説。

「是的，從此司機們士氣大振，也未產生負面效應，而我也贏得司機們的感激。日前還收到一包郵寄的特產，附有全體司機的問候信。」

「怎麼樣，我們的智多星不是蓋的吧！」少東得意地說：「一個人的潛力，依學歷無從判斷，在現職上也未必能有發揮的空間。所以，人才貴在發掘！」

劉伯伯微笑頷首，表示折服。魯愚則説：

「柴副座何不就在此刻給劉老師一個驚喜？」

「好，我現在就宣佈，GN的企劃經理劉式資，春節過後將調升GY大飯店副總！」

「且慢，還是慎重點比較好。」劉伯伯說：「式資畢竟對飯店的經營管理一竅不通，愛他也許會害了他。」

「GY的專業實務劉經理不懂，但人力結構是否健全、素質及效率如何，安全上有無死角以及服務品質如何提升，這些，我對他有百分之百的信心。」

「既蒙少東如此看重，這是式資的福氣，我也與有榮焉！」劉伯伯開心而爽朗的笑了。

「來，我們為劉氏雙喜臨門而乾杯。」魯愚把飲料杯高高舉起又輕輕放下：「哦，這不是酒！」

媽咪，因魯愚的滑稽忍不住掩面而笑。柴夫人連忙說：

「酒菜已準備好了，現在也該餓了，何不見好就收？」

「對，酒菜上桌，我們再好好乾一杯。」

柴少東率先起座，我們不忘做客之道，走到柴夫人面前，講些禮貌客套。她帶著我們女眷，參觀了柴副總裁的辦公室和很多藝術收藏品，最令我印象深刻地是在辦公桌的對面，掛著高過人身的關公坐姿油畫，那副正氣凜然、威而不猛的神態，令人肅然起敬。少東夫人走過去，指著關公腳下「忠義千秋」四個大字說：

「這才是這幅畫的精神所在！」

我想，少東不只是珍惜這幅畫的價值，也以關公的忠肝義膽期勉員工。

餐會開始，各自調了一杯雞尾酒互相敬來敬去，笑語中夾雜著祝賀聲，有如官式的慶祝酒會一般。

酒菜由飯店的西餐部提供，豐盛精美不在話下。主客酒足飯飽，少東興致正濃，於是要服務人員，打開卡拉**OK**機組，原本像是壁飾的電視牆，立即顯現現場畫面。少東和他夫人開舞，魯愚邀了春蘭為伴，劉伯伯和媽咪、我和式資則是兩組自然配對。

柴夫人和媽咪在點歌簿上選了幾曲輸入電腦，從探戈開始，幾首抒情歌曲，也都是我所喜歡的。少東夫婦的探戈和華爾滋跳得不錯，魯愚的吉魯巴三步和恰恰，帶得最出色。我和式資表現平平，最「菜」的一對，要算劉伯伯和媽咪。探戈和華爾滋還能跳出簡單的花步，其餘的舞曲就只能以基本步應付了。

儘管水準不一，但都跳得不亦樂乎，直到接近十一點，柴少東才放我們回家。

# 第十一章　果眞人不招妬是庸才

不久文傑單獨來臺北，他向我出示爸爸寫給他的一封長信，字裡行間充滿愧疚和悔恨。這證明爸爸傷癒後的心境，有著極大的轉變。而且，相當程度地反映了他對人生的前景，有著灰色的哀愁。

我以傷感的語氣，剖析家變的前因後果，也明白指出陳家的希望在文傑。如果文傑仍對爸爸不諒解，不如從他開始，為陳家後代樹立一個好標樣，這才是積極的心態和正面的思考方向。

文傑告訴我，他對爸爸的迷失，已由怨恨轉為同情。因為，他從一本名著中得到啓示，人在得意時最易迷失，如他不以阿爸為鑑，將來必會重蹈覆轍。

我對文傑開始成熟感到驚喜，問他未來的生涯規劃是什麼?他說，只能一步一腳印，走一步看兩步，踏踏實實面對挑戰，不求聞達，但求無愧今生。目前他暫時在姑丈的公司見習，要等服完兵後，才正式踏入社會。他說，現在還看不清兩三年後的社會脈動，對前景不免有些迷惘。

我勸他多讀人生哲學方面的書，增益修為功夫，才不致順境時成為脱韁的野馬；

逆境時又成為落水的小豬。如果爸爸有意要他繼承事業，也應早有心理準備，並對經營管理學多所涉獵。

他說，爸爸雖然沒有明講，確已流露些許口風。不過，他實在不想初出茅廬，就投入權利爭逐，何況他這個初生之犢，怎麼用心也鬥不過那隻久經世故的母老虎。

我勸勉他，現在不必憂慮接棒的事，或許船到橋頭自然直。我深信爸爸雖老了，但畢竟是塊老薑，只要父子一條心，就能力挽狂瀾，把公司和工廠的主導地位拿回來。

文傑受到鼓勵，突然振臂大呼：

「有信心不畏懼將來；有勇氣就能面對現實！」

「這就對了。」我欣慰地說：「陳家獨子，終於長大了！」

「可是，姐，我對李春蘭還是不死心，怎麼辦？」

「涼拌！」我潑他冷水說：「你不要迷信男人怕煩、女人怕纏那句諺語。好女孩世上不是只有春蘭一個，等到你頭角崢嶸之後，你會發現愛情的視野是很寬廣的，不要對她白費心機！」

他吞著口水又聳聳肩膀，一副失望的窘相。

這是半個月以前的事。昨天，接到他的信，說他上個週末去高雄一趟，意外地看到了林美珠。文傑到爸爸的辦公室，在門口與一個熟悉的人影擦身而過，回頭一看正是阿珠。他描述說，現在的阿珠，濃妝艷抹、衣著時髦，和在媽咪店裡任職時的清純樸素判若兩人。經向阿爸的秘書小姐詢問，才知現在的阿珠是白阿姨身邊的紅人，但文傑不明白，阿珠是真的已不認得他，還是佯作沒看見。……

我把文傑的信向桌上一丟，心想，這個女人不提也罷。雖然，過去深受其害，如今井水不犯河水，又天各一方，好壞由她，既不值得記恨，也不值得關注。擲信的一瞬，那可憎的影子，也就隨之在腦海消失。

中午，式資公司的侯總經理，打電話到我辦公室來，他語調詭異地說：

「劉經理可能身體不適，剛才請假回去了，希望妳多關心，千萬、千萬！」放下電話好生納悶，式資身體不適，何須總經理通知我？而且，語帶玄機，令我聽了有一種不祥的感覺。

我立刻打電話回家，鈴聲響了足有一分鐘，也無人接聽，我猜測式資是去了診所。但兩小時後，我再打電話回去，仍無迴應。又打電話到他公司的辦公室，接聽的竟是服務生。她說，經理大概不會回去。我情知不妙，立刻向主任報告，因有急事，須提前下班。

回到家裡，見式資的房間敞著，便悄悄地走進去。他斜靠在疊好的棉被上，雙肘環抱後腦，凝視著天花板，好像是剛剛回來，連風衣和皮鞋也沒脫。

我走近他的身邊，他竟然毫無反應。我摸摸他的前額說：

「你到底怎麼了？」

他搖搖頭，面無表情地說：

「沒事！」

「是不是到GY的事變卦了？」

他遲疑片刻回答說：

「喔，沒下文了。」

「就為了這個心裡不爽？」我問。

「不知道！」他淡淡地說：「反正渾身不自在，讓我清靜一下好嗎？」

我沒有再嘮叨。回到客廳慢慢琢磨，愈想愈替他難過。升任GY副總的事，怎麼未定案就曝光？如今，他們公司的同事正醞釀到時候為他慶賀一番，不料煮熟的鴨子——飛了，還不免遭人奚落，真是情何以堪！

不過，果真如此，那麼柴少東為什麼會變卦？真是愈猜愈糊塗；愈猜愈困惑。

不多久，春蘭也回來了。我見她面色凝重，也像是心事重重，就拍拍沙發要她過來坐。

「菊姐，妳來！」我跟著走進她的臥室，她還刻意壓低聲音問道：「妳聽到些什麼？」

「沒有啊！」我反問她：「那妳有什麼訊息？」

「GN那邊傳來了醜聞！」

「與式資有關？」

「是的，我聽了幾乎暈過去！」

「怎麼回事？」我的心像小鹿般直闖，但我一屁股跌坐在床沿上，強作鎮定地催促說：「直接了當地說吧！」

「聽說是對一個女職員性騷擾！」

「大白天，上班時間發生的？」

「一大早，還沒開始打卡。」

「在辦公室？還是衛生間？」

「不，是在電梯裡。」

「不可能，不可能！」我站起來大聲說：「一百個不可能！」

「妳為什麼那麼武斷？人都有一時糊塗的可能！」

「妳不太瞭解他，…………。」我要告訴春蘭，式資是標準的現代柳下惠，他跟我有過數不清的親暱動作，甚至是躺在他的懷裡，也不曾發生不理性的事，怎麼會對公司職員非禮？難道她是仙女下凡，還是兼擅妖術？可是，我欲言猶止。雖然，我對春蘭一向無話不說，但愛人間的私密，就是在父母面前也應有所保留。

「春蘭，我們三個住在一起這麼久，他可曾對妳輕狂過？」我還是忍不住表達心中的不平。

「沒有，連眼睛也沒有？」

「這就是咯，他對妳都不曾有過踰越的行為，怎麼可能對一個女職員動起邪念？」

「我當然不信，可是…………。」春蘭透露說：「據說，那個女孩子擁有魔鬼般的身材，同事都戲稱噴火女郎呢！」

我搖搖頭不再說什麼，只希望式資能向我訴說真相，難道他不知道，我看到他那樣自苦，內心有如刀割。

春蘭見我陷入沉思，就又說：

「這種事，真是應了那句話，賊咬一口入木三分。況且，一經渲染，就像跳到黃河一樣的洗不清！」

我仍一言不發，就離開春蘭的房間，悄悄地向式資房裡張望。他依然斜臥在床上，這會兒是闔著眼皮假寐。

我關照春蘭，別讓式資出去，我到超市買些吃的東西。待我回來，式資果然溜出去了。春蘭說，是她如廁時，式資越機溜走的，雖然她大聲喊叫，式資理都不理。

我和春蘭直等到午夜十二時，式資仍然沒有回來，我對春蘭說：

「睡罷，明天還要面對流言四射的困擾呢！」

「妳猜他會跑去那裡？」

「也許買醉去了，男人嘛，遭遇這種事，似乎只有酒是唯一的朋友。」

「可是他不會喝酒呀！」

「不會喝酒有什麼關係，他是要麻醉自己，不是去享受飲酒的樂趣。」

「妳是小說看多了吧？想像那麼豐富。」

「若是依小說故事的發展模式，他現在正沉浸在醇酒美人的迷醉之中。可是，我相信他不會去色情場所。」

熄燈不久，我輾轉反側無法成眠，又隱約聽到客廳有飲水器開動的聲音。接著是春蘭在敲我的房門：

「秋菊姐，人回來了！」我打開房門，春蘭壓抑著聲帶說：「快去安慰、安慰他吧！」

我披著大衣走到客廳，式資靠在沙發上，用濕毛巾敷著額頭，見我出來苦笑著說：

「男子漢走……走得正，……坐得直，怕……怕什麼？」

「你現在就坐得不直，不會喝酒，為什麼要喝成醉關公？」

「我聽說，酒、酒能解愁，……豈……豈知……三杯苦酒下肚……愁……愁更愁！」

「你是真的一時糊塗嗎？」

「如果……如果妳……妳也這麼懷疑……疑我，我……我……還能不……不苦嗎？」

「真金不怕火。果真你是被人設計，就應冷靜面對，酒精不會給你力量，反會幫助敵人擊倒你！」

「妳……妳從來……沒、沒用這樣的口氣……跟、跟我講話！」

「不錯，看到你如此怯懦、頹喪，怎不教我失望？」

式資聽了這句話，像是受到刺激，撐著沙發霍然站了起來，大聲說：

「點，點得好，……一語點……醒夢中人！」他揮揮手說：「請……放水……放冷水，我要冷……水灌頂，……找……找回自己！」

我趕緊把春蘭叫出來，二人扶著他，搖搖晃晃地送到房裡。我給他脫了外衣，春蘭幫他脫掉鞋襪，剛剛把他擺平，蓋上棉被，他就醉得不省人事了。

次晨，我到式資房裡，他依然蒙頭大睡。我寫了一張紙條留在書桌上，囑他起床後給我打個電話。

八點半我到了辦公室，氣氛顯得很不尋常，有的竊竊私語，有的向我冷眼睇睨。顯然，GN的醜聞，已在我們公司發酵。

接近中午，我打電話回去無人接聽，猜測式資已出去吃飯。

午休時間，我驅車前往GN公司，面見侯總經理。侯總對我的到訪，表情上似乎十分意外，但我這不速之客的來意，他應該很清楚。

「侯總經理，我代式資請兩天假。」我說：「他昨晚有些發燒。」

「他已請過假，請妳轉告他，可以多休息幾天。」

「流言已傳到我們公司。」我率直地問：「貴公司是否已進行調查？」

「還沒有。」侯總解釋說：「因為另一當事人已受到驚嚇，今天也沒上班。」

「任由流言四射，對公司的形象也不利，無論如何請您明快處理！」

「妳對劉經理很有信心？」

「我當然有信心，難道您對自己賞識的部屬沒有信心？」

「劉經理為人忠厚老實，而那個新進女雇員也相當單純。」張總困惑地說：「怎麼想，都覺得事有蹊蹺。」

「顯然，這一事件並非偶然！」

「…………。」侯總只是微微頷首，並未立即表示同意或不同意我的推斷。

「有句話說，樹大招風；人紅招妒。劉經理算不算很紅？」我逼他有所回應。

「他的確是人中之龍，現在柴副總裁封他為智多星，很快就傳開了。」

「假設有人想打擊他，設計醜聞，不失為一記狠招，您認為呢？」

「妳的意思是那女孩子被人利用？」

「當然被人利用，她跟劉經理怎麼會有深仇大恨？」

「如果她是被收買，代價一定不菲。那麼，誰願出錢做這種事？」侯總故作沉思狀，隨即喃喃地說：「嫉妒他的人，也不只一個呢！」

「不妨多在那女雇員的同事中發掘線索，特別是跟她相處不睦的人，您說對嗎？」

「對，就這麼辦！」侯總果決地說。

我辭別侯總，回到辦公室，見桌上有張紙條，寫著：

劉叔叔與王阿姨已來臺北，請打電話回去。（春蘭）

我考慮了一下，還是不打電話為妙，否則，總機接線生又成了小廣播。

下班回家，我和春蘭走出電梯，見六B有燈光透出，就使個眼神教春蘭先回六A，我走過去輕按六B的門鈴，媽咪應聲而出。

「是秋菊嗎？快進來！」劉伯伯在客廳招呼我。

「您和我媽中午就來了是嗎？」我說：「是春蘭告訴我的。」

「是啊，式資呢？」劉伯伯問：「是不是有兩天不見人影？」

「沒有啦，他請了兩天假，侯總說，可以多休息幾天。」

「看情形已經鬧得滿城風雨，他想逃避，那不是辦法。」

「您對式資是不是沒有信心？」我注視著準公公的表情。

「妳伯伯最瞭解他那寶貝兒子，怎麼會沒信心！」

媽咪說：「只是式資既不去公司，也不在家，實在令人不安。」

對，這才是重點。他既不留言，也不打通電話，真是令人既擔心又生氣。

晚上，在客廳裡媽咪和我面面相覷，劉伯伯則踱來踱去。春蘭從盥洗室出來，嚷道：

「我想起來了，電話答錄機為什麼不打開來聽聽看？」

「是啊，怎麼都沒想到？」我趕緊啓動電話答錄機的按鈕，果然，聽到式資的聲音。他說，要到中、南部走一趟，大約要三四天才回來，希望不要掛慮。

我高興地跳了起來，畢究他是個有心人，否則，我絕不諒解他，即使有一千個、一萬個理由！

當然，劉伯伯和媽咪也心情放鬆了許多，春蘭說：

「每個人心裡都有十五個吊桶——七上八下，這會兒該有胃口吃晚飯了吧？」

春蘭說完了，就逕自走進廚房，媽咪也跟了進去。

劉伯伯問我：

「他去中南部幹什麼？」

「我猜，他是回臺中。」

「那該先打個電話，現在他去了，我們又來了。」

「您該記得他的慣性。」我武斷地說：「他一定是先回家，對著媽媽的遺像哭一場，然後……。」

「嗯，妳的判斷有道理，可是妳怎麼知道他有這個慣性？」

「是他以前不經意講出來的。」我回憶說：「他告訴我，每當他情緒低落或有挫折感的時候，就會向亡母訴說一番。」

媽咪從廚房出來，原是用毛巾擦手，聽我這樣說，竟心疼惜地擦起眼淚來！

人說，丈母娘看女婿，越看越有趣。可是，式資到現在從未叫聲岳母或是娘，媽咪卻對他的疼惜竟遠遠超過文傑，這也許是客家諺語所說的「疼花連盆」吧？而那「花」自然是劉伯伯咯！

這餐晚飯再簡單不過。但在心情上，還不至於食不甘味。只是，每個人都變得異常沉默。而這種默契，別有一番感受在心頭。

第二天，中午我打電話回家，媽咪說，劉伯伯剛與GN侯總通過電話，侯總表示電話中不宜多談，晚上會來我家見面，問我侯總算是稀客，要怎樣招待。

我說，侯總與我家雖無過往，但劉伯伯現在是總機構的名譽顧問，等於有同事之誼。因此，水果茶水就可以，不必多費心思。

晚上七點整，我們在六B接待侯總，他提著洋酒、人參花茶等厚禮前來，劉伯伯頗不以為然。侯總則說：

「不過鵝毛而已，實在不成敬意！」

「這次收了，下次請務必免俗！」

打過一陣哈哈，賓主落坐，劉伯伯說：

「詳細情形如何，請別隱瞞，也許我能提供一點參考意見。」

「我和陳小姐交換過意見，現在愈想愈接近她的看法，那就是劉經理一定是被人設計了，此刻要做的就是如何揪出幕後主使者。」

「謝謝您對式資信任有加，就事件本身，願聞其詳。」

「據說，那天早晨，距打卡還有一段時間，劉經理從一樓步入電梯。電梯才關又開，原來新進的電腦打字員簡清芬也要上樓。

「電梯起動後，劉經理就跟簡清芬搭訕，進而摟抱強吻。起初簡女以溫和的態度表示抗拒，劉經理誤以為這是女孩子因怕羞而矜持，竟進一步摸她下體。」侯總聳聳肩繼續說：「此時，電梯剛好到達八樓。門一開，她就大喊性騷擾，正好被同科的水電技工王長生看得一清楚。」

「在電梯裡面的情形，是簡女所說，出電梯簡女驚叫，王技工則是唯一目擊者。」

我替侯總作了概念性的歸納。

「這件事，依簡姓職員的陳述，足以毀掉式資的一生。」劉伯伯神態平和地說：「我既不能預設立場，自然不願妄加推斷，只希望公司方面能明快處理，務必做到勿枉勿縱。」

「當然，我已指派一位專員進行調查。」

「柴副總裁想必已有所聞，他有什麼反應？」

「他身兼本公司董事長，想瞞也瞞不住，除了交代迅查速辦，還說一句重話！」

「什麼重話？」

「恃寵而妄！」

「哦，不過我也引用菜根人生書中一句話作為迴應，才不致因主觀誤導而方向錯誤。」

「請明教！」

「那句話是：狼因飢餓才傷人；人為嫉妬也相殘！」

「的確，人性或善或惡都是遠超過獸性。」侯總起身說：「我向劉顧問保證，一定要把真相挖出來。我家裡還有客人，也應該告辭了。」

既然侯總有事，我們也就不再多言。臨走，侯總對劉伯伯說：

「新年不再時興團拜，但總機構照例於新年上班第一天，舉行一次團隊精神激勵酒會。各事業單位，部級以上主管都要參加，並得準備一些互策共勉的成語和吉利話，以備相互敬酒時派上用場。我想，那天您必有很好的發揮。」

「那天您看不到我。」劉伯伯回答。

「怎麼，您不在臺北？」

「你想，式資的案子未了，我能去嗎？」

「哦……哦……。」就這樣，侯總進入座車，揮手道別。

元旦前一天，臨下班時，我接到式資從外地打來的電話。他說，元日假期，直接回臺中，希望我也去。我告訴他車票都買好了，今夜就會睡在臺中。他表示很高興，並說現在才體會出「一日不見、如隔三秋」的滋味。我問他身在何處，他說人在高雄，上午還去拜望過春蘭的爸媽。這會兒心情有如黎明清境，正等著會見一個人，如取得有利證物，明天中午就可回到臺中。

我問他是什麼證物，他則提出交換條件，要見面時給他一個香吻，才能透露秘密。然後，他想起李媽媽要他轉達春蘭的話。我告訴他，人在南下的火車上，此刻可能已過新竹。

是日晚上十點鐘，我帶著禮物，來到劉府，文傑出來開門迎接。我迫不及待地要告訴二老一個好消息。

「奇怪，式資怎麼會到高雄去找證物？」劉伯伯頗感不解。

「這種事會有什麼證物，大概是小菊聽錯了。」媽咪說：「即使有所謂證物，在臺北發生的事，證物怎會落到高雄？」

「媽，凡事有尋常就有異常；有一般就有特殊。」文傑自作聰明說：「式資大哥怎麼也不會想到，這種醜事會發生在他身上。因此，找反證會到高雄去，頂多也不過背離常理而已。」

「文傑的辯證邏輯，不見章法嘛也通。」劉伯伯點點頭，表示文傑並非胡說八道。

我卻指出他的語病說：

「你用發生兩個字十分不妥，這好像是說他真的做出那種事。」

「難道他不夠傻？」文傑辯稱：「要是我，見電梯裡只有一個女孩子，我就改搭另一部電梯。」

「你根本沒有搞清楚，是式資先進電梯的。」

「如果是我就趕緊出來！」

「神經病，正常狀況那有人這麼神經質，電梯多上下一次，也要想那是資本付債呀！」

「多元社會人心難測，憨人不是適者！」

「好了，好了，姐弟兩個居然吵起來了！」媽咪斥道：「在長者面前該懂點規矩吧！」

我羞愧得趕快進入客房，直到就寢未再出來。雖然，換了地方我就睡不好，但這一夜我比過去幾天都要舒爽。

中國人過新年和普通假期沒有什麼兩樣，既不辭歲也不拜年，唯一不同的地方，就是電視節目比較熱鬧。

劉伯伯問我打保齡球的興趣濃不濃？我表示很喜歡，但今天例外，我想一個人留在家裡等式資回來。

話猶未了，式資果然回來了，我望了一眼掛鐘，剛好是上午九點。劉伯伯劈頭責備一頓。媽咪說：

「二哥，今天是元旦，為什麼孩子一進門就發脾氣？」

「我憋了好幾天，妳難道看不出，他眼裡還有我這個爸爸嗎？」

「我向爸爸請罪。」式資態度恭謹地說：「我早有心理準備，甚至希望爸爸狠打一頓！」

「你以為這麼說，就能讓我消氣？」

我向媽咪使了個眼神，媽咪會意，在背後推著劉伯伯，送到臥房裡去了。我則勸式資無論如何不要辯白。事實上式資也明白，劉伯伯發脾氣是有道理的，而且也正是舐犢情深的自然流露。

我給式資倒了一杯白開水，他坐下來喝了一口說：

「對不起，讓妳也日夜掛慮，為我傷神，為我消瘦！」

我伸手堵住他的嘴，不要他說這些。他溫柔地握著我的手，眼框裡含著淨盈的淚光，以低沉的語調說：

「知道嗎？妳才是我強有力的精神支柱，也只有妳對我有百分之百的信心！」

我連連頷首表示接受。雖然，我不知道怎樣安慰他，但我內心的疼惜，顯已產生心靈感應。

「我差點就毀於這個陰謀，如果不能真相大白，給妳帶來的傷害也是無法彌補的。」

式資情緒稍為緩和，問我說：「妳要不要看一樣東西？」

「要，我急於知道你所謂證物是什麼？」

「喏，就是這個！」他從懷裡掏出一個很別緻的金屬匣子說：「由它說話就夠了。」

「是秘錄器？」我驚奇地問。

「對，偵探用的秘錄器！」

「這麼小，那兒來的？」

「文傑向人借的，他真有辦法！」式資望望內室問道：「他在不在？」

「不在，去他同學家。」

「哦，我只是隨便問問，現在放給妳聽聽！」

式資按了秘錄器的發音鍵。隱約的沙沙聲之後，是一個女子的聲音，只聽「喂」、「喂」，以下的聲音極為微弱，根本聽不清楚說些什麼。

式資試著調整音量，終於摸到竅門，聲音仍不夠大，但相當清晰：

「表姑，我是清芬，事情很順利，劉經理已經辭職，陳秋菊肯定不會再愛他了。」

接著是另一個女人的聲音：

「好，好，幹得好，妳把銀行存摺的帳號寫信告訴我，我滙撥三十萬，另二十萬美珠會滙給妳，妳們不愁結婚了，我祝福妳！」

我把二老請出來，要式資從頭再放一次。媽咪聽得目瞪口呆，劉伯伯卻一時抓不著脈路。不過，每個人的表情都興奮莫名。

「這是誰跟誰通電話？」劉伯伯定了定神問道。

「表姑者，我的繼母白嬌嬌是也。」文傑一步邁進來，搖頭晃腦地說：「清芬就是……就是……不知道！」

大家都被文傑的滑稽相逗笑了，式資說：

「清芬姓簡，就是害我的那個女孩子。」

「哦，我明白了，原來那女孩子被收買。」劉伯伯恍然大悟地說：「目的在離間式資和秋菊的感情！」

「可是，白嬌嬌為什麼這麼做？這對她有什麼好處？」媽咪困惑地說。

「這，您就不如兒子腦筋管用，她破壞姐姐和劉大哥的愛情，就是怕劉大哥成為陳家的女婿。如果劉大哥成為陳家的女婿，就會成為她陰謀奪權的勁敵！」

「小傑的分析很有道理。」劉伯伯說：「不過，你爸爸的接棒人是你呀！」

「哼，我爸才沒把我看在眼裡呢！…………。」

「靜靜。」我制止文傑說：「我們把另一個黑手忽略了！」

「林美珠？」媽咪不解地說：「美珠怎麼跟嬌嬌混在一起？」

「當初美珠能到您的店裡工作，現在就能到爸爸的工廠工作。何況，她跟白阿姨也是遠房親戚。」我為媽咪解析說。

「兩個狐狸湊在一塊兒，當然一拍即合了。」文傑忽又蹙蹙眉頭說：「可是，她們遠在高雄，卻能搭上臺北的簡清芬，我就猜不出她們又是什麼關係。」

「傻瓜！」我嘲弄文傑說：「你是反應靈敏、思惟粗糙，簡清芬稱白阿姨表姑，就可想而知，她們之間也是親戚關係。而且，可能早就有來往。」

「好了，這個小東西可要立大功了！」劉伯伯高興得激動起來，抓起媽咪和我的手，連續三次高高舉起，並大呼：

「正義站在我們這邊！正義戰勝邪惡！正義萬歲！」

式資也走到文傑面前，展臂相擁說：

「謝謝小傑，在最黯淡的時刻給了我很大的幫助！」

「那裡、那裡，你是我的好榜樣。」文傑受寵若驚地說：「只有你最看得起我，今後我們要惺惺相惜。」

兩個人很有默契地勾指打印。看在媽咪眼裡，真是既高興又安慰。想不到，一直長不大的小傑，居然與式資如此投契。有這麼一個好哥哥做示範，今後再也不用擔心什麼了。

我們母女正在咬耳朵，一轉頭看到劉伯伯揹著手臂，昂首挺胸的踱方步。媽咪禁不住戲謔說：

「妳伯伯需要吃顆鎮靜劑，我從未見他這樣興奮過。」

不料劉伯伯聽了正色說：

「妳實在不瞭解，這醜聞的嚴重性，如果不能還給式資清白，甭談他難以抬頭，就是我也無臉面對學生！」

「老爸説得對，今天作夢也瘋狂！」式資説著疾步過來，摟著我的腰，居然大跳起捷舞來！

我何曾學會捷舞，只被他帶著團團轉，腳步胡跟亂踩一氣。看得二老傻眼，也樂得文傑直喝倒采。

雖是元旦，我們卻渾然不知外面的世界。除了弄吃的，全家從早到晚有說有笑，享受著空前的溫馨與祥和，也蘊蓄了太多的夢想和憧憬！

年假過後恢復上班，我照式資的意思，打電話給侯總，要求兩造當事人對質，並建議請法律顧問在場，侯總完全同意，當即決定晚上七時半，在他辦公室舉行。

屆時，侯總辦公室佈置得像個偵察廳。侯總和法律顧問張律師坐於中央，左邊是式資和我，右邊是簡清芬和王長生。總務部經理和簡的科長，則坐於負責錄音的秘書小姐旁邊，那該算是旁聽席。

一開始，侯總就命負責專案調查的許專員，拿出一小包東西，攤開來陳列在法律顧問面前。侯總劈首就問：

「這些東西王技工見過吧？」

「知道！」王技工的意思是那膠帶和一小截電線，他當然認得。

「這是性騷擾事件當天，你修護電眼線路剪下來的是吧？」

「不是。」

「不是？那天每部電梯的電眼怎麼全都失靈？」

「不知道！」

「不知道？事發時你是目擊者，但別人也看到你手裡拿著維修工具，你當時在做什麼？」

「檢查照明系統。」

「胡說，這小段電源線和膠布，經比對截口完全脗合，你還不認帳？」

「那也不能證明是我幹的！」

「可是，這證物是在你的工作間找到的。」

「我免不了會得罪人，顯然那是栽贓！」

「好，我再問你。」侯總表情緊繃地說：「簡小姐跟你是什麼關係？」

「同事，也是朋友。」

「女朋友，也是愛人，對不對？」

「那又怎樣？」王技工以抗議的語氣說：「公司是不是不准談戀愛？」「好了，承認是情侶關係就好。」式資從公事包裡取出秘錄器，對侯總說：「這東西請放給他聽聽。」

王技工和簡清芬聽了臉色發白，侯總和張顧問則一臉問號，經式資詳加解說，始恍然大悟。

張顧問正色說：

「你們倆是想私了，還是到法院公了。」

王技工混身發抖，忙說：

「請總經理從寬處理，我願向劉經理磕頭請罪！」

「我們是被人利用。」小簡低頭羞愧地說：「一時暈了頭嘛！」

「你們倆可是為了結婚籌錢，甘願出賣人格，代價多少？」式資乘勢進逼。

「五十萬。」小簡說：「事實上還沒拿到一塊錢。」

「收買你們的是什麼人，王技工你說？」侯總近乎怒吼。

「接頭的是小簡的姨表姐，名叫林美珠，但出錢的是白表姑，不知叫什麼名字。」

式資進一步揭底說：

「林美珠常來臺北，當她知道你們在GN上班，又知道簡清芬的男友為籌聘金而在外兼差，就一步步引誘你們進入她的圈套，對不對？」

「我曾懷疑林美珠的善意。」小簡毫不保留地說：「林美珠就明白告訴我，這是各取所需。我們得到一點金錢的幫助，也為她教訓、教訓那始亂終棄的壞男人，她還說，這也是美事一樁！」

對質，演變成「三堂會審」。而簡、王二人本質上又非狡滑之輩。所以，電話錄音一出現他二人就癱了，再加心理突破，案情即告大白。

……………………

隔了兩天，GN傳來消息，王技工以破壞公司安全系統，簡清芬以行為不謹，雙雙被解雇，人事令中還註明，關係企業永不錄用。而同一天，又發佈了式資調升GY大飯店副總的人事通報。

「GN的行政效率好驚人哦！」春蘭扭著屁股，距離我的辦公桌還有五米就嚷著說：「咱們這兒也不輸人，消息馬上又傳開了。」

「是嗎？」我故意打啞謎說：「我還沒離開辦公室，感受不到氣象的變化。」

我們主任笑瞇瞇走過來：

「恭喜、恭喜，這會兒的氣象報告說，漫天的陰霾就此消散，又是一個好藍的天！」

# 第十二章 大舅圓了媽咪的夢

隨著又一個新春的到來，我真希望從此擺脫霉運。

式資新職上任，有專任司機開車接送，氣派就是不同。春蘭這張愛調侃的小嘴，正好又有了發揮的空間。

「什麼人什麼命，我倆笑人家不會開車，其實，應該自嘲勞碌命，是吧菊姐？」

「是啊，傻人有傻福，妳以後別那麼鬼精靈，包妳有一天也能御風乘龍，後來居上！」

「唉，妳有攀龍附鳳的命，我呀，沒有希望咯！」

「妳這成語用的不當。」

「妳那引喻也很牽強，咱們是半斤八兩。」

兩個人正在客廳裡瞎掰，式資開門進來，胸前還佩著一小簇緞帶花，非常搶眼。

「週末，有什麼迎賓活動，是吧？」我迎著他的臉說。

「沒有啦！」式資把胸花摘下，放在茶几上說：「妳們看到這個，就應該想到今天是什麼日子，如果猜的對我請客，猜不對妳們請我。」

說。

「什麼日子？」我翻翻掛曆說：「什麼也不是，週末而已。」

「哦，我猜到了，今天中午柴少東請你吃豬腳麵線，對不對？」春蘭信心十足地說。

「吃豬腳麵線，還配帶一朵胸花，妳不覺得怪怪地？」

春蘭噘著嘴，不再吭聲。我也不想瞎猜了，式資見這兩個女人腦筋「控固力」，似乎也深覺無趣。所以，他不提請客的事，就逕自進入自己的房間。

我對春蘭說：

「我們沒猜中，應該請他才是。」

「是啊，反正他升官了，早晚要賀一賀。」

「就這麼辦，我去請他商量一下。」

我在式資的房間輕叩一下，就逕自開門進去：

「副總，我倆要為你祝賀一下。」

「喲，猜中了！」

「猜中了？」我琢磨著式資的話，反而糊塗了。

「對、對、對，我們猜中了。」春蘭跑過來說：「應該請客的是式資哥！」

「好吧，猜對了我請客也甘心。」

春蘭拐彎抹角地說：

「我們很想聽聽今天上午的情形！」

「上午九時正式佈達，然後舉行歡迎酒會。」

「哦！」我和春蘭恍然大悟。原來上午正式舉行人事佈達。多虧春蘭技巧地套出真相。否則，歪打正著，仍是一頭霧水。

我提議三個人去打場保齡球，然後吃頓鐵板燒。式資點頭，春蘭沒意見，我就走到酒櫃，取下一瓶放了許久的XO。我說：

「人家送的這瓶酒，想不到今天派上用場。慢慢地把酒櫃裡的洋酒都處理掉，以後改作書櫃，讓這屋子充滿著書香氣息。」

我的話引起春蘭的聯想，她說：

「噢，菊姐，妳參加的快樂讀書會，怎麼不見什麼活動？」

「有啊，每月集會一次，年前妳不是說，過了年也要參加？到時候跟著我走就是了。」

「這個月你們閱讀什麼書？」

「武則天傳奇。」

「為什麼會選武則天？」

「武則天能給新女性很多啓示，武則天的人格特質和工於權謀都極富爭議性。從男人和女人不同的角度切入，都有廣泛探索的空間，預料一定會發言盈庭、氣氛熱烈！」

式資聽得出神，遂問：

「上個月閱讀的可是『屋頂上的提琴手』？」

「是！」

「有什麼心得？」

「書我沒有看完，但看過原著改編的電影卡帶。」我說：「男主角的幽默、風趣以及開明的作風，著實令人激賞。還有處理棘手問題，懂得迂迴、講求技巧，也令人心折。」

「其實，愛讀書不一定要參加讀書會。」式資說：「定型的集會反易形成壓力。」

「人都有墮性，壓力即是鞭策。否則，在交換心得時，發言空洞無味會丟盡面子。再說，每個人從不同的角度切入，正好達到腦力激盪的效應，這與有閱讀而沒有思辯是不可同日而語的。」

式資聽了我的這番話，顯得甚為服氣，遂笑著說：

「嗯，說得好，我看春蘭更該參加讀書會。」

「為什麼要加個『更』字？」

「因為，參加讀書會可以多結識一些有品味的朋友！」

想不到春蘭聽了，心裡又起了發酵作用。只見她嘟囔著說：

「幹嘛，那麼好心，總教我去結交新朋友！」

「別多心。」我趕緊安撫說：「他是無心之言，我倒真的有心邀妳一同參加。」

「我沒興趣！」她還是噘著嘴，一幅嬌嗔的模樣。

我從皮包裡取出一份「讀書樂」文宣給她，並說：

「看了這個再說YES或NO！」

半小時後，來到春喜保齡球館，球道全都被佔。而且，連休息區也座無虛席。式資兩手一攤，表示來遲了，只好去咖啡室消磨一下。

在咖啡室一角有幾個空位，我帶頭走過去，霍然發現魯愚和方麗萍正在鄰座和一女兩男三位長者交談。

式資在魯愚肩膀拍了一下，他一轉頭驚叫道：

「嗨，你們也來了，真是冤家路窄！」

「多日不見，兩朵花更加明艷了！」方姐也以打趣代替寒暄。

兩桌併一桌，坐定之後，我愈看愈覺得魯愚對面那位長者很面善。

魯愚介紹說：

「那位是天津來的學者王先生，這位黎教授和黎夫人，她……」

不等他介紹完，我立刻走過去朝著那位學者激動地叫道：

「您是大舅王兆銘，對不對？」

「妳……」大舅偏過頭來驚喜地問：「你難道會是秋菊？」

「是啊，我就是您的外甥女秋菊呀！」我奇怪地問：「您什麼時候回臺灣，怎麼沒有寫信告訴我們？」

「有寫信，不過前一天發出，第二天人就到了臺北！比原訂的行程提前了一週。」

「信寄到那裡？」

「彰化，妳媽不還住在彰化嗎？」

我嚥了一下口水說：

「沒錯，不過兩岸的郵件比剛通郵時慢得多，我媽現在可能還沒收到。」

「哦，可是我打電話去彰化，怎麼也沒人接？」

「見到了外甥女，電話沒人接也不重要了，是吧，大舅？」

大舅笑了。黎教授和黎夫人也笑著說：

「這叫踏破鐵鞋無覓處，得來全不費工夫！」

我問魯愚說：

「魯大哥，您怎麼會跟我大舅認識？」

「王教授來作學術交流，我是接待人之一，黎教授也是，就這麼簡單！」

「這要怪您了，我的住址怎麼不告訴我大舅？」

「您大舅說臺灣有個妹妹叫王文芝，根本就沒提妳這個外甥女，怎麼能怪我？」

「原來你們彼此認識。」大舅驚奇地說：「真是巧極了！」

「不但認識，我們還是您外甥女的媒公媒婆呢！」方姐向我眨下眼，又對式資睃瞪著。

「嚄，真的嗎？」大舅喜形於色的說。

「不但假不了，說不定您還能趕得上為外甥女辦喜事呢！」

「什麼時候，日子訂了嗎？」

「大舅，您別信他。」我俯附在大舅耳鬢說：「等回家再說。」

「哦，哦！」大舅會意說：「好，好！」

大家喝著咖啡，靜聽大舅暢談近鄉情怯的心情。我忍不住問大舅，怎麼說話不帶天津腔。大舅告訴我現在的天津人，也習慣講普通話，所謂普通話，就是北平腔調的官話。雖然不如這裡的國語標準，但也極為接近，這是兩岸數十年來最大的成就。魯愚則說，政制統一能像語言模式一樣，分別努力、水到渠成，那該有多好，在座的人咸有同感，但都不願深談。因為，這太嚴肅了。

我急於把大舅接回家，但魯愚說：

「別忙，我家就在附近，你們豈可過門不入？吃了飯再把你大舅接回家不遲，明天還有一整天，儘可談個痛快！」

我問大舅：

「後天就要回去嗎？」

「不，後天繼續有學術會議和參觀活動，交流行程結束後，還有足夠的時間探親訪友，預定一個月後才會回去。」

我聽了非常高興，就想立刻打電話給媽咪，報告這一好消息。式資說，GY在呼叫他，要回飯店看看，電話就由他回辦公室去打。

我未料到魯愚先生家住成功社區，而這個社區的地下停車場也大得驚人。據說，停車場的面積，與社區地面的範圍一樣大，但社區居民仍感一位難求，足見臺北市私人轎車成長之速，不但大舅聽了為之乍舌，就是久居臺北的我，看到一片車海也不免大感驚奇！

經由地下停車場出口，來到社區廣場，看到幾個年輕婦女，正和孩子們一起撒米吸引鴿子。偶而，調皮的幼童會追逐鴿子，可是，鴿子不會受到驚嚇而飛走。黎夫人驚奇地說：

「鴿子與人和平相處，這是多麼美好的畫面。」

「鴿子原來並不信任這裡的人。」魯愚回答說：「經過兩三年鴿子一隻也沒少，猜忌才完全消除。現在，牠們會放膽地跟孩子的玩追逐遊戲。」

「紐約時報廣場的溫馨畫面，能在這裡浮現，真是難得！」黎教授也歡喜地說。

魯愚指著外圍一隻肥大的鴿子：

「你們看牠在做什麼？」

「牠在驅逐一個入侵者。」春蘭說：「鴿子也會欺生！」

「這就是族群排他的縮影。」魯愚笑著說：「其實鴿子比人類的排他性要弱得多。如果，後來者執意不走，一轉眼就會融為一體，絕不會永遠劃清界限。」

「你對鴿子的生態，觀察入微。」黎教授問道：「那麼小麻雀混進來爭食，鴿子都視若無覩，又是什麼道理？」

「在鴿子眼裡，麻雀是弱勢的一群，何況牠們只是拾鴿子的牙惠而已。」

「您是說，鴿子不以大欺小。」我引伸說：「這是不是暗諷人還不如飛禽？」

「我沒有答案，還請各自領會吧！」說著，他瞪著眼睛，以食指衝著幾隻麻雀指指點點，麻雀們吱吱喳喳地抗議，但為了安全，還是暫時飛上樹枝。

「魯愚，你對麻雀成見很深！」黎夫人按捺不住地說。

「是的，誰教牠們曾有不良紀錄？」

「誰教牠們曾有不良紀錄？」我在行走間，不斷地玩味這句話。是的，小至個人，大至政權，若曾留下不良紀錄，就難怪別人成見太深。如果是惡名昭彰，也要想使人改變印象，豈不更難？

到了魯府，觸目盡是書堆，整個客廳宛如一座書城。我正擔心客人要坐那裡，魯愚卻要我們不必脫鞋，一逕跟著向裡走。

走進書房，令我觀感為之一新。想不到作家的客廳像倉庫，書房倒極為雅潔。而這約為八坪大的房間，實際上是一室三用。寫作、用餐兼會客全在這兒。

方姐一路上牽著我的手，笑瞇瞇地跟在魯愚後面。一進了魯愚的家，立刻有說有笑。她忽而端上水果，忽而奉上茶點，熱情得像個快樂的女主人。

春蘭直跟我用眼睛打啞謎，當然我也看得出方、魯的關係，已非純純的愛侶。於是，我悄悄地跟到廚房問她，那一天請吃喜酒？她的回答是，吃了我們的喜酒，才會輪到他們。意思是結婚的事不急。我猜，他們是只重實質不重形式。魯愚就曾說過，戀愛不管多久，都有新鮮感。一旦結婚，就有了無形的枷鎖，會被綁得很不舒服。

方姐和我談話時一再看錶，我正感到奇怪，一轉眼，烤雞已從微波爐裡取出來，冷盤、生菜沙拉也從冰箱裡一樣樣端出來，然後，一鍋雞蓉玉米濃湯在那邊加溫，而這邊快鍋上爐，四條黃花魚，不消片刻就煎好。更絕地是，五分鐘炒好一盤洋蔥炒蛋，十分鐘炒好一盤青椒牛肉絲。我和春蘭一起幫忙佈置餐具，一張楕圓型伸縮餐桌，居然煎炒燒烤一應俱全，不但看起來相當豐富，而且香氣撲鼻，令人望之垂涎。

他們主客四位，聊得起勁，根本無視我們三個的忙碌。現在方姐一聲「貴客有請」！兩位貴客為之一震，及見書房變成了餐廳，餐桌上擺滿了美味佳餚，不禁同聲讚賞。黎夫人說：

「這是方小姐的傑作嗎，妳該不是變戲法吧？」

「請就坐，家常菜不成敬意。」方姐謙虛地說。

「太棒了，怪不得魯愚一定要我們來府上打擾，原來是希望我們免費作廣告哩！」黎教授幽默地說。大家甫入坐，式資打來電話，說劉伯伯和媽咪七時就到臺北。我希望能用他的房車，接大舅回家。他說公私要分明，司機也該享有假日。我就囑他早點過來。他說，不會超過六點。魯愚接過聽筒大叫道：

「副總大人，現在就來吧，我們等你！」

式資怎麼說，我當然聽不清，只聞魯愚說：

「今天的飯菜，是方麗萍小露一手，不來白不來！」

當方姐要打開金門陳年高粱酒的當兒，我忽然想起皮包裡的「XO」。不料大舅卻說，他在大陸就知道金門酒名揚遐邇，所以，今天一定要嚐嚐。

酒至半酣，大舅似有幾分醉意，他有感而發地說：

「黎兄，人生幾何，我王某竟虛度了半個世紀！」

「那裡有虛度，您在神州的史學地位，是不容置疑的。」

「唉，可悲呀可歎，在一個沒有學術自由的環境裡，研究歷史也要為政治服務啊！」

「您也曾受過迫害嗎？」

「又有那個是漏網之魚。」大舅痛苦地回憶說：「讀書人都歸類牛鬼蛇神，而我又是臺屬，雙科罪名吔！」

「過去的，已經是歷史了。」黎夫人安慰說：「向前看應該是蠻光明的。」

魯愚也忍不住發抒感懷：

「我的老師柳昭，不久前應邀訪問大陸，本欲藉此機會，點醒那邊的當權派，可是和他聲氣相應的多是『下崗』派。他失望之餘，發誓再也不去了！」

「他怎麼點法？」黎教授神情貫注地問。

「他說，中國既富又強，就是不懂一十一，而老在一×一的框框打轉兒。」

「此話怎講？」

「那些當權派也是這麼問。」魯愚猛呷了一口烈酒說：「柳夫子說，大陸國防強，臺灣經濟富。如能建立互信，以臺灣的人才和資金加上成功的經驗，協力開發，平衡發展，中國必可傲視全球，成為名副其實的超級強國！」

「難道他們沒有一點正面的回應？」

「有，應該說是迴響，毫無意義的迴響！」

「是不是他們總難跳脫意識型態的框框？」

「對，一語道破！」

「柳老師因此灰心，倒也不必。」黎教授說：「雖然，歷史上沒有一個末代政權不是因循苟且，固步自封。但那些自小就穿列寧裝的人，如今卻都偏愛打領帶穿西裝，這就有跡可尋了。」

「我給了柳老師一點靈感。」魯愚也不勝酒力，結結巴巴地說：「筆直的路不通，不妨……迂……迴一點嘛！現在……老師……要到……要到星……星洲，……進行……大中華希……希望工程了。」

「對，有概念。」大舅若有所悟地說：「當年孫中山先生，就是採迂迴路線，才步上成功之路！」

賓主一起為中華民族的前途乾杯。式資適時趕來，於是，大家又連乾數杯。客人酒足飯飽，高高興興地向主人稱謝、告辭。黎教授臨去，囑咐式資向劉伯伯問好。春蘭則適巧攔下計程車，不到一刻鐘，就回到家門口。

媽咪也是剛剛才到，和大舅一見面，就情不自禁地相擁而泣。大舅說，盼了幾年，總算心願沒有落空。媽咪則難以平復內心的激動，除了叫了一聲「大哥」，就一直流淚不止，似乎千言萬語都卡在喉頭。

劉伯伯表現十分冷靜，好像只是一年半載未見面的朋友，兩人握手寒暄，沒有半點激動的情緒。

「少年離散老來聚，都怪命運作弄，說不幸還有幸。」大舅感歎地說：「仲毅兄當年的英氣猶在，我比您可差得太多了！」

「人老心不能老，能重逢就是萬幸，別說些洩氣話！」

媽咪牽著文傑的手走過來說：

「文傑拜見大舅！」

文傑上前一鞠躬：

「大舅您好，我們都盼望能有今天！」

「這麼高、這麼壯。」大舅離開沙發站起來，拍著文傑的肩膀說：「我有這麼個英俊瀟洒的外甥，真是有說不出地高興。」

「大舅請坐，我出去給您買煙。」

「你怎麼知道我會抽煙？」

「您寄來的生活照，有一張手裡就拿著香煙。」

「很細心、好記性，現在大舅已經戒掉煙癮了，不用去買香煙，來來，都坐下來好好敘敘！」

「您先跟老同學敘舊吧！」媽咪說：「雖然，我知道您在臺灣還能住上個把月，但憋了五十年的辛酸話，還是一吐為快。」

我們都暫時保持靜默，讓劉伯伯和大舅暢快地談。

「唉，沒來時一肚子話，此刻倒不知從何說起。」大舅說：「仲毅兄，您在平、津都有親人，為什麼不回去看看？」

「我的老母前年去世，原先估計還能多活十年，如今，早回去晚回去，在我，已經沒什麼意義。」

「難道手足之情和同學之誼，都已不復存在？」

「想到國家的命運，就不禁痛心疾首。歸去來兮一樣傷情，不如不歸！」

「聽說，鄧麗君生前誓言不去大陸，您也有此執著，恐怕在臺灣的外省人，只有你兩人最固執了吧？」

「不，不只我們兩個，但除了列為限制對象，的確不多，我和小鄧應該算是異類。」

「您的堅持有沒有道理？」

「回去的人有道理，不回去的也有道理。」劉伯伯語帶玄機地說：「凡事過了頭就沒道理，從交流的觀點看也是如此。」

「您這話未免太哲學了吧，我想，小鄧未必就懂這些？」

「小鄧的格調比我高，您想想，她去大陸轉一圈，能賺多少錢？大概各城市走一趟，輕輕鬆鬆的就可進帳上億臺幣，這種能捨的精神，有誰能比？」

「提到鄧麗君，我倒很有去她墓園憑弔一番的衝動，只是一到臺灣，學術活動就排得緊緊的。」

「這不難，過些日子，由幾個晚輩陪你去就是了！」

說到晚輩，大舅忽然話鋒一轉：

「唉，剛來乍到，很多疑惑尚未釐清。」大舅看著我又對劉伯伯說：「秋菊叫式資哥哥，怎麼卻稱您是伯伯？」

「這……這再簡單不過，比爸爸大叫伯伯，比爸爸小叫叔叔。」劉伯伯故意模糊焦點。

「哈，如果是這麼簡單，我還要問，那豈不是幼稚園的水準？」

媽咪立刻向大舅眨眨眼，大舅會意，就說：

「好，不談這些，我想仲毅兄和文芝很想知道，你們離家出走之後的種種，我就從那時說起！」

這也是我最想知道而媽咪總是諱莫如深的一段空白，所以，我連連點頭，給大舅強烈的暗示。媽咪藉故上廁所，大舅就毫無忌憚地說：

「記得三十八年，仲毅兄在最後一次見面時，曾徵求我的意見，希望我一道流亡，我認為父母不會允許。而且，我爸爸也曾說過，內戰終會結束，不論誰得天下，都是自己人管自己人，總不會比異族人更壞。」

「那時我已買到船票，特為告別而到你家裡小坐。」

「記得當時文芝不在家。」

「不錯，不過我們在公園見過面。」

「喔，原來你們單獨約會，可是，您是怎麼打動她的心？」

「我並沒策動她出走，反而安慰她說，抗戰也不過八年，此去最多三年就會回來。文芝一聽就說，搞不好又來個八年。於是，她惶惶不安地哭起來了！」

「這麼說，我爸恨您拐走他女兒，是冤枉了。」

「不完全冤枉，如果我不告訴她就沒事了。」

「大概是您到我們家的第三天，文芝在碼頭打電話回家，說她要跟您到青島，局勢好轉就回來，否則就做流亡學生。」

「其實，她那天是為我送行，一到碼頭發現秩序很亂，沒有船票的人，也拚命往船上擠。她受到感染，也跟著一道擠，但我眼睜睜地看著她，被擠上了另一條船。」

劉伯伯輕歎一聲說：「船到大沽口，她才弄清楚我不在那條船上。還好，她要送給我的旅費，正好救了自己，這是重逢後她告訴我的。」

「在什麼情況下重逢的？」

「當年，她搭的那條船開往上海，我搭的船來到臺灣，從此，再也沒有連絡上。」

劉伯伯深深吸了一口氣說：「我猜，上海淪陷，她一定會回臺灣老家。但多次刊登尋人啓事，也到處打聽過，結果總是令我失望。直到有人安排春蘭和式資相親，才意外地在媒人家裡重逢。」

「這豈不也是命運作弄人？」大舅歎息說：「有道是夕陽無限好，只是近黃昏！」

「還好，她已落單我正鰥居，看來確是天意！」

大舅見式資離開了，就直接了當地說：

「既然如此，為什麼不結為正式夫妻！」

劉伯伯面現難色。遲疑片刻乃說：

「不急，孩子們也要有心理準備。」

我看大舅有些不解，就說：

「劉媽媽過世不久，伯伯尚無法忘情過去夫妻的恩情。」

「這倒不是主因，坦白說，式資的態度才是重點。」

「難道他不能接受有個繼母，而這個繼母又是準岳母？」大舅不解地問。

「我也不太瞭解，但也不好問他。」

「我懂了。」大舅爽朗地笑著說：「就因為式資一直未曾表態是吧？」

「他個性內斂。」我插嘴說：「其實，他認為那是伯伯和我媽的事。」

「妳怎麼知道？」大舅瞪著我問：「是不是他的心跡向妳表白過？」

「沒有，是我猜的！」

「妳為什麼不提醒他？」

「我？」我的臉一陣燒熱：「我也有……。」

的確，我也有不足與外人道的苦衷，即使在大舅面前，也不便一吐心中的塊壘。

「奇怪，妳也算是新女性，為什麼不該含蓄的事，卻要顯得費猜疑？」

「兆銘，你那裡知道，她跟式資的事，也抱著一個拖字訣。」劉伯伯說。

「這真是新聞，一位著作等身，對人生哲學頗有造詣的學者，居然會作繭自縛，還眼看著下一代的青春，平白流失。不可思議啊，不可思議！」大舅果斷地說：「好，我來了就由我來做主，兩代的婚事一鍋煮，趕在春節前，熱熱鬧鬧的辦喜事！」

劉伯伯和我都愣住了，大舅竟是莽張飛的性格，當我還沒有反應過來的當兒，他叫道：

「式資給我出來，別把我當客人嘛！」

「大哥，剛見面就勞你操心，實在過意不去。」媽咪說：「明天再商量好嗎？」

「不可以，我在臺灣總共只有一個月的時間，如果妳們的事，沒有一個圓滿的結果，我回去怎麼告慰兩代先人在天之靈？」

「大哥，祖母的眼是哭瞎的嗎？」

「是啊，妳出走以後，祖母日夜思念，眼睛真的哭瞎了，祖父每天看著你的照片發呆，臨終時還喊著妳的名字。父親時常歎氣，母親夜夜失眠，還經常數說著仲毅兄誘拐她女兒的罪狀。」大舅滔滔不絕地說：「直到文化大革命，這情形才有了轉變，父親還不時慶幸你們倆有智慧，能搶先逃出人間煉獄，但四位先人都因不能再見到文芝而抱憾以終！」

說到激動處大舅涕泗橫流，媽咪則掩面低泣，而我也不禁珠淚暗彈。等我擦乾眼淚，望望劉伯伯和式資，也是一臉感傷！

「看，這是祖母留給妳的。」大舅從皮包裡取出一對玉玲瓏，交給媽咪說：「老人家臨終時，把這對寶物遺留給你們，象徵永遠的祝福。」

媽咪睹物細懷，又不禁愴然淚下！

「好了，秋菊扶妳媽媽到房裡，式資送王叔叔到六B客房，」劉伯伯轉身對大舅說：

「好好睡一覺，明天從長計議。」

「我要回飯店，秋菊開車送我吧！」

式資要一起去，被大舅婉拒了。

在去飯店的途中，大舅還氣呼呼地說：

「哼，什麼從長計議，妳回去轉達我的話，明天就擇個吉日，要不然就選在下個星期天，你們兩代的婚事，能同時舉行最好，頂多相隔一星期！」

「大舅，您的美意，我想沒人會懷疑。不過，態度似可緩和些。畢究，分隔了半個世紀，兩地的文化差異很大，思維模式和處理事情的方法，自然有所不同。」

「不錯，所以，我也同意明天再討論。」大舅加重語氣說：「反正在我回天津之前，不能留下遺憾！」

第二天，我在吃早餐的時候，把大舅的話轉述一遍，式資表態說：

「再拖下去，實在沒有什麼道理。已經是一家人，卻有著角色模糊的尷尬。所以，兆銘叔的心意，我很能體會。」

「我也應該表明立場！」文傑說：「我站在式資哥一邊。」

「春蘭呢，妳比較客觀些？」顯然，媽咪不想冷落春蘭。

「我？我自然也有同感！」

「那麼，我們就選在下個星期日。」劉伯伯對媽咪說：「式資和秋菊就再延後些日子，都採法院公證好了。」

「年輕人的終身大事，應該熱鬧一點，至於選在那裡舉行，也不妨由他倆自行決定。」

媽咪的意見獲得劉伯伯首肯，於是，媽咪說：

「原則就這麼確定了，發帖籌備的事儘快去辦，不過，我還要強調一點，結了婚，該怎麼稱呼就怎麼稱呼，誰都不應感到不自然。」

「我稱伯伯乾爹，是不是必較更自然？」文傑首先表態。

「嗯，……秋菊呢？」劉伯伯問道。

「當然是喊爸啦！」春蘭搶著替我回答：「通常公公也喊爸，婚前婚後都一樣！」

劉伯伯滿意地笑笑，但他的眼神似乎刻意地在春蘭臉上多閃了一下。那一閃，有著多重意義，我深信只有我能正確地解讀。

我身旁的文傑，用手肘輕輕碰了我一下，低聲說：

「姐，我跟春蘭還有希望嗎？」

「又在癡心妄想！」

「妳提出來，要不然我拜託未來的姐夫，相信他會幫助我。」

我沒再理他，趁機把中午會餐的事提出來。

「我和菊姐還欠式資哥一頓。」春蘭提議說：「中午宴請大舅也一併為式資哥祝賀一番，付帳就由我們姐倆包了。」

式資搖搖頭說：

「我的部份欠著，今天到GY去，當然是我請客。」

「要不要去GY。」小傑說：「該請二老先做個決定！」

「好吧，就讓式資做做面子，到GY不是照顧生意，而是順便看看式資的辦公室。」劉伯伯看看手錶說：「心動不如行動，現在就請文芝通知兆銘，就說十一點秋菊去接他。」

媽咪和大舅通了電話，知道大舅中午不克分身，於是，決定晚上七點去接他。晚宴式資安排在GY直接經營的宏觀西餐廳，這個餐廳是由式資指導，重新設計裝璜的自助式餐廳。最大的特色是兩面寬廣的電視牆。咖啡時間，放映的是動態畫面，進餐時間是靜態畫面。

我們進來時，先是長江三峽風景動態畫面，巍巍的山巒、壯麗的景色恍如置身其間。繼則出現中西打擊樂團的演奏，節奏活潑，動感十足，使人全身細胞跟著跳躍。進餐時，改映靜態風景畫面，使人又像置身寧靜地世外桃源，不僅心怡神爽，食慾也增加不少。

大舅胃口奇佳，吃了一盤又來一盤，並且對明蝦沙拉大加讚美。酒足飯飽，附贈的咖啡也喝了。大舅跟式資説：

「帶我們去參觀你的辦公室吧！」

「要不要吃點水果再走？」式資説：「辦公室裡沒有東西好招待。」

「唉，已經撐得發脹，還能吃什麼？」

於是，式資前導，我們老少七口，浩浩蕩蕩地走入透明電梯。

式資的辦公室雖不算大，但十坪大小的空間，卻有著中小企業老闆的氣派，最令我們感到興趣地是電子網路設備，這套設備不但能提供包括安全視網的各種情報，還與總機構網視網路連線，公司會議、主管早會或老闆有事相詢，都可透過網視網路顯像對談。

當然，大舅少不了一番誇讚，就連劉伯伯也透著驚奇的喜悦。

媽咪眼尖，發現衣帽架上掛著一個閃亮的飾物，取下來一看，原來是K金打造的手鍊，中間連結著一塊寬約一公分、長約三公分的藝術板塊，上面刻著「自反而縮」四個篆字。

「這是少東送的。」式資靦腆地説：「這牌子會説話！」

「快解釋給我們聽聽？」春蘭催促説。

「帶在手上，像少東時時都在誥誡我『自反而縮，雖千萬人吾往矣』！」

「喔，好極了，柴少東真是愛才惜才用心良苦！」劉伯伯說：「愛情羽毛的鳥，才會飛得平穩。」

「是不是還有別的涵義？」文傑似乎看出式資有所保留。

「你真是有心人，看起來要隱諱一點，還真不容易哩！」於是，式資話說從頭。那是醜聞事件發生的第二天，柴少東上午去GN。適巧式資外出，見到少東的座車開到，就禮貌地走過去，想為少東拉開車門。不料少東在車內使力拽著，並即吩咐司機開走。車子起動時，少東還「哼」了一聲，大有「我把你看走了眼」的意味。式資窘極，就頭也不回地走回家。

真相大白後，柴少東自悔冤枉了式資，為表示慰勉和歉疚，就製贈了這個銘牌手鍊。

「哈，這是欽賜避邪的金牌。」文傑轉身衝著我自豪地說：「看吧，我就知道不會那麼單純！」

「喔，有這段插曲，就證明秋菊愛對了人！」大舅指著掛曆說：「二十一，不管三七二十一，就訂在那個星期日，仲毅兄您不反對吧？」

劉伯伯走到掛曆前，翻到第二張看了看：

「這樣好了，我們老的訂為元月二十八日，他們兩個小的，訂為二月十七日。也就是農曆春節的除夕。」

「這樣比較沒有緊迫感。」我說：「大舅，您就從善如流吧！」

日子敲定了，式資就請我們去參觀宴會廳，正趕上辦喜事的人家佈置禮堂，大舅和劉伯伯就當場作了決定，要式資和我在這裡舉行婚禮。

# 第十三章　仇人相見分外眼紅

大舅自從搬到六B，來訪的客人多係彰化的鄉親，所以，除了既定的學術交流活動，幾乎天天赴宴。

有一天，大舅在六A看電視，我把大舅的房租收益，結算給他聽，他高興得咧著大嘴直笑：

「這太不好意思了，我不應該分享你們陳家的財富。」

「您獨力奉養父祖直到終老，媽咪卻未盡到半點孝心，現在回饋大舅，於情於義都是應該的。」

「老實說，妳曾祖父母和祖父母都是國家供養，我那有力量養活四代。」大舅忽然黯然神傷地說：「慚愧呀慚愧，曾祖父死在下放的農場，連屍體也不知下落，曾祖母死時，換下的衣服，一進水竟拿不起來了！」

「那是什麼緣故？」

「一件衣服穿了三年未曾換洗，纖維已被油污腐蝕了。」

「唉，大舅，不提那悲情的過去吧！」

「怎麼能不提，那是永遠的傷痛！」

我默然看著大舅落下滴滴悲苦的淚水，又幫他把一張外匯支票，納入口袋。

正在這時，春蘭開門進來，一副失魂落魄的樣子。我問她那裡不舒服，她搖搖頭，一語不發就進房間去了。我把大舅送往六B，回來，敲敲春蘭的房門問道：

「春蘭，感冒了嗎？」

「喔！」

「發燒了沒？」

「喔！」

「看醫生了沒？」

「喔！」

「妳要睡會兒嗎？」

「喔！」

她既懶得說話，我就知趣地退回客廳，拿起電話聽筒信手按鍵，媽咪有了回應：

「臺北晚上幾度？臺中只有十二度哩！」

「臺北還低一度，跨國性流行感冒正猖獗，今天春蘭就倒下了！」

「妳要特別小心，這個月千萬不能生病。」媽咪問：「準備得怎樣了？」

「喜帖還沒發，喜筵的菜單式資倒已看過了，沙龍照等寒流一過就去拍攝，至於新房就用我住的這間吧。」

「兩位介紹人要先專誠去邀約才夠禮貌。」媽咪又問道：「結婚證書上的主婚人怎麼填？」

這一問把我給問住了，男方沒有問題，女方主婚人如寫媽咪，那把爸爸擺在那兒？如果寫爸爸，爸爸不來沒面子，來了場面何其尷尬？他為女兒主婚，而自己的妻子，卻站在男方主婚人的身邊。雖然，夫妻關係都無形中加了一個「前」字，但心理上的化學作用，豈只是怪怪地？

我遲疑良久，終於答道：

「寫爸的名字，蓋您的章，註明母代，反正親友大部份都清楚。」

「你的意思是不讓他知道？」

「是啊，他若知道還會不來？」

「可是，事後總會知道的。」

「充其量發頓牢騷，總比當場出醜好些！」

「要不要聽聽妳大舅的意見？」

「我會向他分析利害，也會請示他的看法，好在時間還早。」我想了想又說：「或許就請大舅舅為我主婚，也未嘗不可。」

我本來是要問問二老準備的情形，卻儘談些自己的婚事。媽咪方欲結束談話，我趕緊問道：

「您和伯伯準備好了沒？」

「我們在法院裡公證，不須大費周章。」

「登記了沒？要不要我去辦手續？」

「妳伯伯，不，妳公公有個校友是臺北地方法院的推事，一切都委託他了。」

「請客在那裡，怎麼沒叫我們發請帖？」

「只請少數至親好友，已在海天樓訂了兩桌席。」

掛斷電話，我心裡盤計，居時觀禮的親友，不會超過二十人。除了介紹人，就是劉王陳三家的至親，頂多外加一個春蘭的老媽。迨式資下班後，我就將剛才和媽咪的談話，扼要說了一遍。

式資則告訴我一個好消息，柴少東要做我們的證婚人，並奉送去歐洲度蜜月的全部旅費！我高興得張開手臂，像隻燕子撲過去，很技巧地獻上一吻。

午夜，我被叫春的野貓吵醒，下床如廁，發現春蘭的房裡透出燈光，我在房門敲了兩下，春蘭把門打開讓我進去。

「怎麼樣，睡過一覺好些了嗎？」

「…………。」她沒有回答我的話，只拍拍化妝枱前的凳子要我坐下。

「頭痛不痛，怎麼不說話？」

「頭不痛只是一個頭兩個大！」

「遭遇什麼難題了？」

「菊姐，……」春蘭欲言猶止，似有難言之隱。

「我倆一向都是推心置腹、無話不說，這會兒是怎麼了？」

「我惹了麻煩。」春蘭懊惱地說：「我媽昨天打電話給我，問我為什麼這麼久沒回去。那時我正忙著，一時未經大腦，說是幫您準備婚事。」

「這有什麼不對？」

「式資知道我洩露消息的嚴重性！」

「是嗎？怪不得式資堅持把李伯伯於發帖名單中剔掉。」

「真對不起，婚期必須提前或延後。」

「那怎麼可以，喜帖雖沒寄出，但是場地訂了，若干親友也已通知了。再說，提前準備來不及，延後又留不住大舅，問題多多。」

春蘭沒再說什麼，側著身子，望著窗外的寒星，似在無語問蒼天。

「睡吧，該來的總是要來的。」我安慰春蘭說：「妳不是喜歡說，船到橋頭自然直嗎？」

她苦笑著眨眨眼，嘴巴依然抿得緊緊地。

「睡吧，早晨七時我會叫妳。」

「請您代我請天病假好嗎？」

「可以，但不准胡思亂想！」我逼她鑽進被窩，隨手把燈熄掉。

上班前，我考慮再三，還是覺得不告訴式資為妙。等媽咪來了，母女再好好討論一番。

元月二十七日，劉伯伯和媽咪傍晚來到臺北，式資向二老報告，臺北方面要協調和準備的事，全都OK。明天上午十時到法院報到，公證儀式完了，就與觀禮親友一起去海天樓。

晚飯時刻，訂了七人份高價位簡餐，由店家送來。我們正吃著，禮服店送來新娘捧花一束，媽咪放下碗筷跑到房裡，略施粉脂，穿上我為她訂製的玫瑰紅錦緞旗袍，一下子變得花容月貌、婷婷嫋嫋！當她走出來，大舅首先眼睛一亮，直誇倒退了三十年，劉伯伯則以戲謔的語氣說：

「這位是秋菊的姐姐吧，怎麼以前沒見過？」

「今天我才明白，什麼叫做風韻猶存。」文傑讚美說：「媽咪若是穿上婚紗禮服，簡直就像仙女下凡！」

媽咪覺得文傑形容過火，笑斥胡說八道。春蘭一直沉默不語，這會兒也驚奇地說：「阿姨的三圍不輸菊姐，文傑的讚美雖然過當，但若打個八折，就恰到好處。」

媽咪聽得心花怒放，還故意擺個「撲斯」。我見狀趕緊擁著媽咪回房，卸粧更衣，恢復本來面目，以免成為老少取笑的對象。

不一會兒，魯愚和方麗萍到來。於是，大家又把焦點轉移到我和式資身上。所談的除了婚禮的細節，魯愚還提出在酒筵中，安排表演的構想。我覺得這構想雖好，但必然所費不菲，式資也遲疑不作回應。魯愚笑著說：

「這構想不會超出預算，也不會增加麻煩，一切由我安排，表演的團體也是業餘性質，增加點喜氣嘛。如果要表示謝意，就增加兩三桌，免費招待他們就可以了。」

「是的，有現成的舞台，婚禮後安排二十分演歌秀，外加一段應景的相聲，應該會生色不少。」方姐說：「況且，賀客也會胃口大開。」

「那麼，就請魯愚先生和方小姐費神了。」大舅裁決說：「就這麼決定了，結婚不怕熱鬧！」

魯愚和方麗萍走後，大舅要大家早點休息，明天上午到法院公證處，要早一點出發。我和春蘭離開六B，文傑也跟了過來，我問他為什麼不照料大舅安歇，他卻說：

「我要跟春蘭姐單獨談談！」

這時式資從後面跟上來，拍著文傑的肩膀說：

「今晚春蘭和你同樣心事重重，我讚成你們倆單獨談談。」

「幹嘛要單獨談談？」春蘭抗議說：「我跟文傑又沒有什麼秘密！」

在六A的客廳，六隻眼睛對著文傑，他異乎尋常的冷靜，但說話仍似不經大腦：

「式資哥和姐姐的婚期，既已傳到高雄，我判斷李媽媽明天不來，元月二十七或二十八一定會來。」

「你怎麼知道婚期已傳到高雄？」我訝異地問。

「這不是重點，重點是李伯伯和李媽媽，正在大為光火。如果不能及早化除心結，二月十七的婚禮，肯定會有變數！」

我和式資聞言大為震驚！雖然，這話是出自文傑之口，但卻不能斥他信口開河。而且，事實上我倆的婚事一拖再拖，就是被上一代的恩義情結卡住了。春蘭近來一直悶悶不樂，不也印證了文傑的揣測？因此，我問道：

「你要和春蘭姐單獨談談，可是為了這個？」

「不為這個，但絕對有關！」

「矛盾，教人不知所云？」

「此刻我必須明白表明心迹，否則，不但救不了你們，而我自己也將遺憾終身！」

我們三個都面面相覷，不知文傑的葫蘆裡賣的是什麼藥。

「春蘭姐如果接受我的追求，漫天的陰霾就會倏忽消散。」文傑大言不慚地說：

「世俗的觀念，總認為丈夫應比妻子長幾歲。但，影星伊麗莎白泰勒現任丈夫比她小二十歲，英國查爾斯王子所迷戀的那個卡蜜拉，也長他一歲，可見年齡不是問題。」

「沒錯，年齡不是障礙。」我反駁說：「問題是有緣沒緣，以我的立場說，假若春蘭能和你相愛，而李家二老也能接受你，那是再好也沒有了！」

「文傑剛才的話，等於是向春蘭求婚。」式資望著春蘭說：「妳的心意如何？不妨直接表態。」

春蘭一語不發，兀傲地站起，奔向她的房間。式資和我相視苦笑，但見文傑面露窘色，兩手一攤說：

「這兩全之策，主要是為您二位化解危機，既然人家瞧不起阮，阮就只好作壁上觀了！」

果不出文傑所料，元月二十八日下午二時，我們從海天樓滿懷喜悅地回來，李媽媽就守候在門口。

「仲毅，你不下帖我也要來，只可惜遲了一步。」李媽媽對劉伯伯說：「祝你們新婚伉儷永遠幸福。」

「謝謝，大姐怎麼責備我都接受，快上樓吧！」

在六B的客廳坐定，我奉茶給李媽媽，遂問：

「李媽媽您在那兒吃的飯？」

「吃飯容易，吃喜酒可就難了！」李媽媽酸溜溜地說：「沒吃到喜酒，禮金也省下了。」

繼父（我不能再稱劉伯伯）雖貴為海內知名學者，但在這位老姐姐面前，總是態度謙和、笑臉相迎。李媽媽得理不饒人，呷著我奉上的茶，喋喋不休地數落繼父（唉，還不如早點稱公公）地不是。

大舅按捺不住說了重話：

「于大姐，殺人不過頭點地，今兒個是仲毅兄和我妹妹文芝，好不容易有情人終成眷屬，為何一直咄咄逼人，難道欠您的恩情，就該矮您三輩兒？」

李媽媽一聽，陡然火冒三丈：

「你知道啥，我們是患難之交，我憋了一肚子悶氣，現在向他發洩發洩，你就抱不平，你是不是在大陸待久了，連道義的基本價值也模糊了？」說著說著不由得拊胸頓足、淚下霑襟！

繼父和媽咪趕緊趨前扶持，好言相勸。春蘭惟恐媽媽血壓上升，慌忙打開李媽媽的手提袋，找尋隨身攜帶的降壓藥。我則擰了一個毛巾把兒，放在李媽媽額上，讓她仰靠在沙發上安靜下來。

經過好一會兒，李媽媽終於心情平復下來，我就和春蘭護持著走回六A。我勸李媽媽洗個熱水澡，早些上床休息。她卻執意要我陪她在客廳坐坐，當然，我心裡明白，她還有話要說。

「秋菊，多謝妳照顧春蘭，否則，我怎麼能放心讓她一個人在臺北？」

「我跟春蘭情同姊妹，不是我照顧她，是彼此互相照顧。」

「說得好，妳們這麼投緣我很安慰。」李媽媽把眼鏡向上推了推：「當年我跟式資他爹也是有緣，是姊弟緣。如今，我那老弟已是知名學者，有點高攀不上咯！」

「您錯怪了劉伯伯，他……」

「妳怎麼還叫他劉伯伯，他現在是妳繼父呀！」

「叫溜了嘴，要改口怪彆扭的。」

「嗯，反正沒多久他就是妳公公了，到時候不叫爸爸也得喊爹。」李媽媽忽然長歎一聲說：「你們劉王陳三府都時來運轉，只有我們李家沒有看到半點曙光！」

「媽，您別老說洩氣話！」春蘭搖動著李媽媽的膀子說。

「不說，誰知道？妳老爸已經八十多，一生獻給國家，現在惟一的指望就是妳，為了妳的終身大事，簡直急瘋了，妳自己反倒很沉得住氣！」

「我知道老爸最遺憾的是只有一個獨女，現在唯一的心願，不能含飴弄孫，能逗逗外孫也好。」

「偏偏妳和秋菊都愛上式資，而我和妳爹又偏偏躲在竹籬笆裡面編織美夢，還一再催促妳劉叔叔為他兒子諏吉成親。」說著說著李媽媽就又激動起來：「如今什麼都不怪，就怪妳劉叔叔不該一再敷衍妳爹，使他誤以為式資終歸是他女婿。」

「媽，認真檢討，您和老爸也有責任！」

「我們騙過誰來著，妳倒說說看？」

「第一，您從來就沒問過我，式資哥和我是否來電。」

「鬼話，你們是不是投緣，難道我們還看不出？」

「第二，劉叔叔在爸爸病榻前虛應故事的許諾，那能當真？」

春蘭的意思顯然是說，對病情陷入膏肓的人，曲意安慰是不能怪罪的。

「我明理，但現在妳爹高血壓又中風，他吵著要妳劉叔叔實踐諾言，乖女兒，妳說我該怎麼辦？」

這時，式資開門進來。

「好小子，你回來得正好。」李媽媽指著沙發說：「坐，你李伯伯要春蘭馬上嫁出去，你有什麼好主意？」

「我說了，恐怕您不一定贊成，春蘭肯定會翻臉。」

「傻瓜，那就甭說了！」我急得幾乎要伸手捂住他的嘴。

「沒關係，言者無罪。再說，也不是非怎樣不可！」

「陳文傑人品不錯，將來會是個好丈夫！」

春蘭見式資終於說出口，一跺腳就跑進房裡哭起來。

「好了，又惹哭了，你們父子很斯文卻又那麼寡情寡義！」

「是您逼我的，此外，我有什麼辦法讓春蘭立刻嫁出去？」

「我願意出讓！」我不知那來的勇氣，幾乎連自己都受到了震動。

「秋菊，我李鎷媽不是衝著你來的。依理，妳和式資結緣在先。於情，妳肯出讓，春蘭可不敢接受，李家會是那麼鴨霸嗎？」

「不然，有什麼辦法圓滿解決？」

李媽媽琢磨再三，終於脫口而出：

「可行的辦法只有一個，妳們姐兒倆共事一夫！」

天啊，一箭雙鵰的流言剛剛消散，李媽媽又要製造新聞，且聽她怎麼解說：

「有什麼不好，企業家汪榮欽有三個太太。除了他，左擁右抱的企業家還多著呢！難得你們三個人，住在一個屋簷下，從未爭風吃醋，也從未鬧過彆扭。如今，若能結為一體，豈不是畫下完美的句點？」

「您舉的例子，都是上一代或上兩代的人，我們這一代不時興那一套，何況我也不是企業家。」式資適切的表態，在我聽來相當窩心。

「你讀過聖賢書，應該知道執兩用中的道理。在這個問題上，你固執一端而捨棄另一端，想想看後果會怎樣？」

「可是，人言可畏啊，我們三個人都受過高等教育，都要在職場打拚，…………。」

「曾子說過，自反而縮，雖千萬人吾往矣。凡事問心無愧，就不怕外人怎麼說。」

「可是，孟子也有說，一個道德修養極高的人，可以不拘小信，做事也不一定要有始有終，但他的言行，絕對不會有悖義理。」式資替繼父辯解說：「我爸爸做事，一向都是謹守儒家做人的原則，您為什麼就是不放過他？」

「你小子在教訓我？」李媽媽聞言錯愕，旋即斥道：「你爸爸從沒對我如此無狀，看起來你在學識上和修為上，都還是個半瓶醋！」

春蘭跑了出來，硬把李媽媽拉進房裡。午夜醒來，我打開房門向外探視，見式資的房間透出燈光，春蘭的房裡也未熄燈。而且，母女還在呶呶細語。

我敲敲式資的門，式資把門打開，低聲問道：

「怎麼還不睡？」

「我正要問你呢，我是方才醒來。」我坐在他的床沿上問：「看書，看到凌晨三點？」

「心煩，那裡看得下去。」他抓抓頭皮，愁容滿面地說：「我大概做不了什麼大事，這麼小的難題，就把我給困住了。」

「揚湯止沸不如釜底抽薪，問題的關鍵就在我和春蘭的一念之間，你不搖擺就保有著力點。」我親了他一下說：「親愛的睡吧，船到橋頭自然直！」

他離開椅子站起來，猛然把我擁到懷裡，一直吻得我渾身酥軟，才放我回房。

早晨起來，式資和我漱洗既畢，穿著打扮得整整齊齊，相偕去到六B。

老新郎、老新娘或許早已料到我倆會過來。所以，也已穿戴整齊，坐在客廳。

我們一進門，式資先叫：

「爸爸早安！」

我緊跟著喊道：

「媽咪早安！」然後和式資併肩而立，朝二老一鞠躬，齊聲說：

「祝福爸、媽鶼鰈情深，永遠健康快樂！」

二老一同說聲「謝謝！」接著繼父說：

「秋菊終於叫我爸爸了！」

媽咪也說：

「式資終於叫我媽咪了！」

二老分別擁抱兒子、女兒，笑得好不開心。

文傑從房間出來，也模仿我倆的動作，為繼父和媽咪祝福。大舅散步回來，見滿室溫馨，感動地說：

「唷，這才像個家，再過半個月式資和秋菊結成連理，就是喜上加喜了！」

嘻嘻哈哈一陣子，我倆就離開了六B，春蘭提著皮包正走出六A，我問道：

「李媽媽還在睡嗎？」

「是的，讓她多睡會兒，中午我回來送她上火車。」

「怎麼不留李媽媽多住幾天？」

「我爹是請鄰居照顧，不回去不行。」

「我看，要文傑護送李媽媽，妳就直接去車站好了！」

「又提文傑。」春蘭嗔怪說：「一提到文傑我就生氣，式資要移花接木，妳竟不說一句話，是不是我真的成了你們的眼中釘、肉中刺，必欲除之而後快？」

「好了好了，妳不點頭誰能勉強，幹嘛發這麼大的脾氣！」

「妳不知道，我媽拿文傑作題目和我討論了一整夜。」

「李媽媽受了式資的影響，要說服妳？」

「我媽的壓力來自我老爸，她要回去交差！」

「可惜文傑太嫩，妳那會對一個青蘋果感興趣？」

「別費心了，我家的事我自有擔當，菊姐謝了！」春蘭見電梯上來，就一步踏進去，反身向我擺擺手就消失了。

晚上，送走了李媽媽，大舅主持婚禮籌備會議，除了按照式資所列各種準備事項一一驗收之外。重點擺在模擬臨時狀況的對策上。

假設狀之一，我的生父，於婚禮進行前突然出現，堅持要做主婚人。

大家的看法一致，認為極有可能。最後的結論是：女方主婚人由大舅擔任，守住禮堂第一道關卡的任務，由文傑負責，並全程陪侍在側，若有衝動徵兆，即以扶眼鏡作暗號，由大舅或魯愚協助安撫。

假設狀況之二，李伯伯於婚禮進行中，前來鬧場，其目的只在洩憤，使我那未來的公公有口莫辯，當場出醜，也使婚禮的氣氛為之變色。但此一假設狀況，在討論中看法比較分歧。式資認為李伯伯行動須靠輪椅，似不可能從高雄飛來臺北興師問罪。媽咪則認為，曾做過師長、副軍長的將軍，不致那麼不理性，我們不應戴著有色眼鏡看人。大舅卻主張寧可以小人之心度君子之腹，也不能失之大意。最後，有備無患就成了共識。但因應之道，也要聽聽春蘭的意見。這時，大家才注意到春蘭遲遲未歸。

「春蘭如果在場，你們怎會肆無忌憚地拿她老爸當假想敵？」繼父隨又判斷說：「春蘭極可能是跟她老媽一道回去了，甚至有可能已向公司辭職！」

媽咪和大舅都認為不太可能，式資則說：

「如果春蘭真的辭職，那就肯定會有大麻煩！」

「為什麼？」大舅說：「人家工作都不要了，難道不會是有心遠離是非之地？」

「兆銘，你是局外人，但感情問題，還是當局體會最深。」繼父說：「春蘭是個孝女，她母親愛女兒更愛丈夫。所以，只要李老頭兒要如何，春蘭是不會忤逆的。」

「依您的分析？」大舅望著繼父說。

「我判斷于大姐把春蘭帶回去，就是要他們父女當面溝通，而春蘭她爹，只要一施壓，就會使他們母女透不過氣來。」

「如何施壓？」

「春蘭他老爸只要說，春蘭嫁誰我不管，我只要含飴弄孫，如果你們能給我希望，我就為你們多活幾年！」

「如果只是這樣，那也構不上壓力。」大舅笑著說：「等春蘭有了心上人，抱外孫不就指日可待了？」

「你錯了，他不容許再等！」

「哦，我懂了，他認定式資是他女婿！」

「春蘭她媽，不已經挑明了，春蘭秋菊共事一夫，不失為上上之策！」

「這明明是要挾嘛！」大舅憤憤不平地說：「除了他們有恩於您，是不是還有什麼把柄，落在李老頭兒的手裡？」

「春蘭的老爸，總咬著我有千金重諾！」

「什麼重諾？」

繼父輕喟一聲說：

「詳細情形是這樣的，去年李先生病重時，我去看他，他說，我不行了，唯一不放心的，就是春蘭的終身大事，你該知道，她跟你家式資很相配，你能成全，我就了無遺憾了！」

「為了安撫垂死的人，您就點了頭？」

「不錯，當時他氣若游絲、兩眼發直，我不忍讓他臨終還放心不下。」繼父懊惱地說：「不料他又活了起來，而且咬定是我當面首肯的！」

媽咪也氣憤地說：

「李家伯伯明知兒女的婚事父母不能做主，他這樣是誠心要賴嘛！」

「這麼說，確有山雨欲來風滿樓的凶兆！」大舅安慰我說：「秋菊，兵來將擋，有大舅在，我會見招拆招，妳和式資做好你們的準備工作要緊！」

……婚期一天天逼近，我的心情則是憂喜參半，媽咪和繼父婚後去香港小遊，現在已回臺中。文傑被老爸召了去，這會兒人在高雄。大舅每天忙於參觀拜會，但晚上必定和我們小聚。

新年剛過，又嗅到春節的氣息。中國人愛熱鬧，春節仍然當年過，不是基督徒，聖誕節也會插一腳。所以，每年從十二月中旬到春節前夕，都會收到各式各樣的賀卡。這天，式資從信箱裡又取出一疊，賀卡霍然夾著兩個紅色封套。我說：

「我們的紅色炸彈剛扔出去，有人就回敬了吧？」

「是啊，妳我都有份！」

我把賀卡放在一旁，看了紅色信封的落款，就知是魯愚和方麗萍的喜帖！

「嚄，魯方聯姻！」我驚奇地說：「他們倆可真有默契，在下帖之前保密到家！」

「那一天？」

「二月十日，搶先我們一週！」

「哼，魯愚還說，要先喝我們的喜酒呢！」

「作家的話不能當真，他總喜歡教人摸不透。」

「比較起來我們倆就古板多了。」

「不是古板，是比較老實。」

我倆正聊著，大舅回來了，不一會繼父、媽咪和文傑也到了。接著魯、方兩位不速之客翩然蒞臨。

「說到曹操，曹操就到！」式資迎了上去。

「別罵人了，我有曹操那麼奸詐？」

「我們是來請伴郎伴娘的。」方姐笑瞇瞇的睨睇著我說：「倉促決定，未先徵求同意，請別怪罪。」

「請坐。」媽咪說：「巧得很，我們剛到，你們就來報喜。」

「劉老師，二月十日那天請闔家光臨，當然希望王伯伯也能賞光。」

「二月十日，你這不是存心湊熱鬧？」繼父說：「為什麼不再早點或者再晚一點？」

「兩府喜事只隔一週，彼此的紅包都免了。再說，老師也免得多跑一趟臺北。」

「我看你是恐怕夜長夢多，要儘快拴住方小姐吧？」

「嘿嘿、嘿嘿……………。」魯愚居然無言以對。

「不瞞老師，春節後他要出席全球作家聯盟會議，主辦國希望偕眷參加，魯愚選這個日子，正好把度蜜月排入行程。」方麗萍說出婚期提前的真正原因。

「原來如此。」繼父笑著說：「既然出席國際會議，有如花美眷偕行，當然會增色不少。好吧，二月十日我們全家都去觀禮，現在先開香檳為你們賀一賀。」

「我們還沒吃飯，就請到外面一起吃個便飯如何？」

「我們在火車上吃過了。」繼父問道：「兆銘呢？」

「我也酒足飯飽才回來。」

「那麼，只有式資和秋菊兩個陪你們去吧！」

「兩位是客，不能喧賓奪主，走，到巷口吃涮羊肉去！」說著式資做個「請」的手勢。

我和兩位客人，尾隨著式資一起下樓。到了火鍋店，店裡座無虛席，老闆把堆放餐具的枱面清了清，鋪了一方新枱布，又湊集了四把椅子，就分賓主落坐。

在火鍋上料期間，式資問道：

「出席會議，順便度蜜月，那我們的婚禮能否趕回來參加？」

「恐怕有問題，介紹人不妨更換一下。」

「不用更換。」方麗萍說：「結婚證書仍寫我倆的名字！我安排兩個人代表就是了。」

「妳打算找誰？」

「我們情人橋在高雄撮合的一對情侶。」

「他們人在南部方便嗎？」

「有什麼不方便，她們經常來臺北，據說，愛巢早就買好了，就在臺北市近郊。」

魯愚和方麗萍一問一答，好像無關我們的事，式資使了個眼神，暗示我不必插嘴，反正是個形式，誰做介紹人都無不可。

這時，我發覺店外有個女人，正在向店裡張望，定睛一看竟是林美珠！我心裡嘀咕，豈真冤家路窄？一向理智的我，此刻倒頗有捉她過來痛打一頓的衝動。

「妳看，那個女人是誰？」式資以為我沒看見，他拍拍我的手背說：「她似乎是來赴約的。」

「管她做什麼，如果她識相一點就別進來。」我不屑地說。

可是，她進來了。而且，正朝著我走來。

「兩位好，難得在這兒碰上了！」她說這話時，兩腮的肌肉在抽動，眼神也冒出妒火。

「妳的朋友還沒到是吧？」式資說：「要不要一起坐坐？」

「謝謝，聽說你們的喜事近了，我想問問陳大小姐，吃喜酒怎麼沒有我的份？」

我還是沒理她，但我警覺到她是蓄意挑釁。

「怎麼，果真人在得意時，就目中無人？」

魯愚和方麗萍睹狀神情錯愕。式資趕緊說：

「既然妳不坐，那就兩便吧！」

「陳小姐不理不睬，是不是存心不給我面子？我請她解釋一下！」

我看得出，她是善者不來、來者不善。如果我一味示弱，別人還以為我做了什麼虧心事，而林美珠也會得寸進尺繼續糾纏。於是，我站起來說：

「林美珠，有話外面談！」

「好，出去談談也好！」

我帶她到店旁的停車場，問道：

「妳要怎樣直說吧？」

「我要跟妳算帳！」

「算帳，我幾時虧欠妳了？」

「妳搶走了劉式資，現在又使我失業，難道還不該算帳？」

「虧妳有臉說得出口，妳做了多少卑鄙齷齪的事，如今還想倒打一耙！」

「啪」！我的右頰一陣灼熱，本能地反應是見招拆招，當她再出手時，立即還她一個「四兩撥千斤」，教她就地來個「狗吃屎」！

林美珠爬起來，又張牙舞爪向我反撲，我順勢來了一個過肩摔，摔得她四腳朝天，一隻高跟鞋飛了出去，正好打中前來勸架的方麗萍。

式資走過來攔住我說：

「好了，好了，別再鬧了！」

魯愚也趕過來，會同方麗萍把林美珠扶起來。冷不防林美珠又出手向我攻擊，那尖尖的指甲宛如利爪，摳到我的耳根，我用手一摸，手指上沾滿了鮮血！

我怒不可遏，衝過去把方麗萍推開，抓起林美珠的手肘，一連絆了四次「大趴虎」。看熱鬧的人都拍手叫好，巡邏警員趕來，要式資幫忙把她送往醫院，我則跟著警員到了派出所。

警員詢問打架的原因，並作成筆錄，繼父、媽咪和魯直、方姐全都趕來關切。警員說：

「不管誰是誰非，被打的一方已送往醫院，在對方家屬出面以前，打人的一方要負道義責任。」

「是對方挑釁，而且先動手。」我頗不服氣地說。

「現在不談是非責任。如果那女人傷勢不重，這齣戲即屬告訴乃論。現在，請陳小姐跟我一起到醫院走一趟。」

「我陪妳去。」媽咪說：「妳也就便把傷口消消毒、上上藥。」

一出派出所，式資迎面而來，見我們要去醫院，也就調轉頭來在前帶路。

警員問他林女的傷勢如何，式資說，沒有明顯外傷，林美珠只說坐骨疼痛，頭部外傷。醫師診斷後，囑咐住院觀察一天。

我們一進護理區，值班護士就對式資說：

「林美珠跑掉了！」

「……………」式資一臉訝異，其他人和我也都愣住了。

警員看了一下診斷紀錄，靈機一動，撥了一通電話，只聽他問刑行資料中，有無林美珠的紀錄。然後，就神秘地笑著說：

「沒事了，各位可以回去了！」

「人不見了，怎麼會沒事了？」魯愚納悶地問。

「她是個通緝犯，即使有傷，也只好溜之大吉。」

「通緝犯！」媽咪問道：「犯了什麼罪？」

「詐欺罪，扮豬吃老虎。」

媽咪搖搖頭輕歎一聲說：

「根不正，苗要直也難！」

我問媽咪，當初開店為什麼要用她？媽咪說，他們家和我們既是遠房親戚，她爸又與姑丈有同窗之誼。因此，林美珠高商畢業後，就靠這層關係，說好說歹非用不可。

「媽，您賣面子用了她，她卻恩將仇報，一直陰魂不散地盯上了我。……」我想埋怨說，把我害得好慘，但不忍心增加媽咪的心理負擔，還是保留了些。

「這年頭好人難做喲！」方麗萍感歎地說。

「是啊，好人若是容易做，也就無所謂好人啦！」式資回頭問魯愚說：「偉大的作家，您說是不？」

魯愚笑笑說：

「好人有幾等，惟當智則智，當勇則勇，當仁則仁，最為難能可貴！」

我能領悟魯愚這話的涵義，因此，對自己的以暴制暴，是否反應過度，恐怕還得好好省思一番。

我們一行回到火鍋店，店裡依然爆滿，而我的火氣消了，就不免飢腸轆轆。於是，依著式資的意見，買了火鍋料回家去吃。當然，少不了要向我們的貴客，作家魯愚和他的未婚妻方麗萍，說聲對不起了。

吃完了飯，媽咪端上了水果，就在餐桌上閒聊起來。

大舅首先笑著說：

「對你們四個人來說，這頓飯應該算是吃宵夜！」

「喔，這幾小時的折騰，足夠魯愚寫個短篇小說哩！」繼父緊接著問我說：「秋菊什麼時候學過拳腳功夫？」

「在美國留學時，因校園不靖，我就拜一位舊僑黃老先生為師，學了幾招防身術。」

「今天以前，你知不知道她會中國功夫？」方姐側著身子問式資。

「不知道，眼看她拳腳那麼俐落，也教我大為驚奇！」

「老弟，你要小心。」魯愚戲謔說：「以後可要多讓著她點兒！」

老少全都呵呵大笑。笑語中話頭轉到大舅身上。

「我從國外回來，可能王伯伯已回大陸了。」魯愚說：「今晚真希望多聽聽您對兩岸交流的看法。」

「兩岸交流，從任何角度看都是正面的，特別是在文化、經濟層面，不僅增進了彼此的瞭解，也產生了互惠的效果。」大舅反問說：「我也很想聽聽，你對中國的未來抱持何種看法？」

「這個問題，還是聽聽劉老師的真知灼見比較有益。」

「對，來臺灣這麼久，還未曾請教過我的妹夫，對中國何去何從的看法。」

「我說了有用嗎？」

「當然有用，只要不儘是洩氣話。」

「要我不說洩氣話也難。」繼又喟然興歎，然後說：「民國以來，中國有兩次復興機會，第一次斷送在日本軍閥的侵略戰爭。」

「劉老師指的是民國十六年到二十六年，中國有過黃金十年的輝煌歲月。」魯愚對大舅解釋說。

「第二次機會，是抗日戰爭勝利，如果沒有內戰，依黃金十年的經營模式奮起直追，那麼半世紀下來，中國仍會富強起來。」

大舅急切問道：

「仲毅兄，您是否認為錯失兩次機會，中國的前途將一直黯淡下去？」

「二十一世紀整個人類的前景都不樂觀。」繼父分析說：「到公元二〇三〇年，全球人口將接近百億。由於人類大量消耗地下能源，破壞地上自然生態，加上核子試爆難禁、森林大火頻傳、油田自燃率高且久等等因素，溫室效應將持續擴大。在洪氾久旱、嚴寒酷熱的惡性循環下，不僅影響經濟活動，也勢必產生糧食不足的嚴重危機！落後地區和開發中國家，更會同時面對饑饉、戰亂和疫癘肆虐的多重苦難！」

「這麼說，二十一世紀的中國人將面臨嚴酷的考驗？」方姐睜大眼睛說。

「如果中國人不再勇於私鬥，兩岸携手合作，還有最後一次機會，雖然，已經浪費了五十年！」

「心態不調整，如何合作，搞不好還會大打出手！」魯愚搖搖頭表示悲觀。

「我來時，大陸官方曾說，只要這邊不搞分裂，什麼事都好談。」

「分裂的現實，有其歷史的因果。」繼父以深沉的語調說：「我願引述左氏春秋中，叔向的一段話：牛雖瘠，僨與豚上，其畏不死？」

大舅看出我和式資有聽沒有懂，就說：

「叔向的意思是說，那牛雖瘦，若壓在小豬身上，小豬必會嚇個半死。」

「因為，不論是什麼政體，那邊打個噴嚏，這邊準會傷風。反之，那邊有陽光，這邊也溫暖。所以，島上的民意不支撐獨立，但也不希望以大欺小。」繼父幽默地說：「那邊的領導班子若有智慧，就會疼惜這隻會生蛋的雞，如果老是敲鐵桶、扔石頭，即使雞沒飛，蛋卻不產了，那對誰都不利！」

大舅頻頻點頭說：

「說得對，說得好！」

「大舅把我爸的觀點帶回去，這比科技、學術交流更有價值！」式資忍不住也說了話。

「……………」大舅陷入沉思，我知道他有著深沉的無力感。

「好了，我們得告辭了。」魯愚看了一下手錶說：「夜深了，兩位老師也該休息了。」

「我們結婚那天，不收王伯伯的禮，就算為您餞行好了。」方麗萍說：「到時候您一定要去觀禮喲！」

送走了魯愚和方麗萍，媽咪拿出一封信塞在我手裡，並且要我明天再拆。

我和式資回到六A客廳，式資問我：

「是不是春蘭寫給你的信？」

「是，媽咪不要你看！」我故意逗他。

「妳說謊，媽咪教妳明天看。」

「她並沒說你們倆兒明天看，對不對？」

式資為之語塞，我倒不好意思起來。於是，朝他笑笑說：

「副總大人，雖然這是給我的信，讓你先看總可以了吧！」

式資湊近枱燈把信看完，面無表情地還給我。我也只向他說聲晚安就逕自回房。雖然既倦且睏，但鑽進被窩卻又心繫春蘭，只好觸摸床頭燈，藉柔和的燈光，看看春蘭寫些什麼。

菊姐：

不告而別，罪甚！不過我知道妳會寬諒我，因為，妳只有這麼個妹妹，不是嗎？真為妳慶幸，式資哥那麼愛妳，而妳所崇拜的繼父，轉眼又要變成公公了。常言道，好事多磨。妳現在是否極泰來、吉星高照，美麗的憧憬，已不再是遙遠的夢。坦白說，我好羨慕妳，也好妬忌妳，但此刻則是由衷的祝福你們，願二位在天比翼雙飛；在地永結同心！

我為獨女，自幼深得寵愛，如今老爸朝不保夕，阿母也日暮西山。古人說，百孝順為先。其實，我能盡的孝道，也只有順親了。這就是為什麼我熱愛公司的工作，更不願離開臺北，但我卻毅然放棄一切，跟著老媽回家了。

我走得倉促，想必會讓所有關愛我人，感到訝異和失望，可是不這樣我的決心很容易動搖。

人生逆旅有太多的曲折，也有太多的變數，令慈與劉叔的故事，就是活生生的例子。但，人不能因命途難測而躊躇不前。

式資哥在日記的封面寫著：不頹喪過去、不屈服現實、不畏懼將來。這十五字箴言，給了我很大的啓示，我會謹記在心、永銘不磨。

然而，目前的我，正不知如何面對現實。我那老爸老媽，一個長吁短歎；一個絮叨不休。往日妳心目中的開心果，如今陰鬱百結，簡直要瘋了！……

愚妹春蘭

我的眼模糊了，心也揪在一起，但關了燈，腦子裡卻一片空白，瞢騰中猶隱約聽到春蘭一聲聲無助的呼喚！

# 第十四章　恩義情愁何時了

魯愚與方麗萍舉行婚禮的前一週，式資從GY打電話到我的辦公室，告訴我魯愚通知他，東京的會議延期，他們的蜜月旅行也決定延後，希望和我們兩對結伴同遊。我向他提議，伴郎伴娘仍由魯愚和方姐代為安排。因為，他們的人際面較廣。

結婚的準備工作，至此大致就緒，照常理說，此時的心情應是期待中的喜悅和平靜。然而，左眼皮竟跳個不停，使我略為放晴的心境，又蒙上一層陰影。俗諺有云，男左女右，女人右眼跳是吉兆，左眼跳是凶兆。我雖排斥此說，但心理上多少有點不祥的預感。

中午，從福利餐廳回來，剛出電梯就聽到辦公桌的電話響個不停。我快步走過去抓起聽筒，原來又是式資打來的。他劈頭就說：

「春蘭真的要出家，李媽媽告急，老爸命我趕緊去高雄，務必把春蘭找回來！」

「是要出家，還是逃家，你弄清楚沒有？」我焦急地問。

「反正我得先去李家一探究竟，情況如何，我會打電話回來。」我剛要叮囑幾句，只聽「啪」地一聲，電話掛了！

晚上下班，在回家的路上，我的心一直忐忑不安，幾乎無法專心開車，在一個路口等變換燈號時，一個青年摩托騎士衝上來吼道：

「妳到底會不會開車？沒學會就別急著上路！」

我被罵得糊里糊塗，不知什麼時候礙著他了。他見我毫無反應，又疾言厲色地說：

「該快不快，該慢不慢，連方向盤也抓不穩，我差點就被妳擠進公車肚子，做了輪下之鬼，妳還若無其事！」

我還是莫名其妙，但也只好說：

「對不起！真對不起！」

回到家裡，吃了幾片餅乾，就坐在客廳發呆。十點鐘過後，電話鈴終於響了，我的心砰砰直跳。

這電話果真是式資打來的。他說，春蘭確實離家出走，她給李伯母留了個字條，表示若不出走，恐怕將熬不過春天。她此去是皈依佛門，但她沒有了卻塵緣，所以會帶髮修行，希望父母給她一條生路。否則，精神崩潰會給父母增添更大的悲傷。

毫無疑問，這一夜又是愁腸百結，徹夜難眠。我為自己憂慮，也為春蘭哀愁，還為式資擔心。

式資說，他無論如何要把春蘭找到，如果他袖手不管，那就是不仁不義。當然，也就是不孝，因為繼父迫切希望他不辱父命！

臺灣雖小，佛寺星羅棋佈，能收容女性帶髮修行的寺院，也指不勝屈，他能走訪每一處寺院或尼姑庵嗎？縱然他不怕踏破鐵鞋，可是他能久假曠職嗎？而我們的婚期又轉眼就到。想到這裡我不禁珠淚暗彈，是疼他，是盼他，也有一點不知所以的怨歎。

一連三天，式資都沒有找到春蘭，還好，第四天總算有了一點線索。

有位法師告訴式資，春蘭執意請他收容，那法師問明動機後予以拒絕，並勸她不要逃避現實，風浪若打不翻一條船，但船只在浪頭上打轉，那就絕難逃過一刼。如果把佛門當作避風港，那是駝鳥心態。況且，凡心猶在，凡塵不除，信仰就不純正，那對佛祖豈非不敬？不過那位法師，還是容許她在女性閉關的空房住上幾天，希望能靜靜地思考未來的去向。可是，春蘭只住了一天就離開了，老法師也不知她會去那裡，只聽說她上了向北開的客運巴士。

魯、方聯姻，舉行婚禮當日，式資拖著疲倦的身子回來了，我給他放了洗澡水，讓他在熱水裡浸泡一下，以鬆弛一下筋骨。然後，我從微波爐裡，端出半隻烤雞，讓他配著蕃茄沙拉和雞蓉玉米湯，大快朵頤一番。

吃完午餐，我強迫他小睡片刻。他則說：

「妳為什麼不問我，春蘭找到了沒有？」

「若是找到了，不打電話回來，一進門也會立刻告訴我。你沒說，就表示音訊杳然，還用再問嗎？」

「這回妳可錯了！」式資趺坐在沙發上說：「就因為我找到了，才安心的回來。」

「在那裡找到的？」

「碧潭附近，就是北烏路上，很搶眼的那座廟。」

「削髮為尼了!?」

「沒有。」

「那人呢，怎麼沒帶回來？」

「人不在，可是也跑不掉！」

「怎麼那麼有把握？」

「是啊，她不知道我追踪而至，自然不會又溜了。」式資說，他已關照老尼，不要說有人來找她。因此，他也必須趕快離開。至於下一步，就等李媽媽來了再說。

我問式資，晚上的喜筵是否去參加，他說：

「當然要去，等爸媽到了，全家一道去。」他望望我問道：「為什麼還不開始打扮？」

「我不想去，但我們已答應做他們的男女儐相，這怎麼好？」

「男女儐相，魯愚請了兩組，我們不做儐相不會壞事。可是，妳若不去，我不就落單了，這會引起好事者的揣測，不太好吧？」

「我不舒服，況且，這幾天我食不甘味、寢不安枕，面色難看得很，怎麼能出去亮相？」

「喔，是瘦了許多，但…………」

話猶未了文傑前來招呼，說繼父、媽咪已到，大舅也回來了，叫我們打扮好了，到六B去會合。

我和式資過去，告訴二老我身體不適。媽咪同意我留在家裡休息，但式資不能不去。繼父則問式資，春蘭是否已有消息，式資就具實稟告。繼父說：

「等李媽媽來了，一塊坐計程車去，而且，要確定她在寺裡，才冷不防進去抓她。」

媽咪也說：

「千萬不能讓她再溜了！」

「到時候文傑也能幫上忙。」大舅說：「三個人包抄，萬無一失。」

「大舅，您把春蘭當賊了，怕是怕她當時不在，事後聞風又逃了。」我糾正大舅說。

媽咪笑著說：

「妳的口才也好不了那裡去，快回六A休息去吧！」

臨去，媽咪還叮嚀多補充營養，在這關鍵時刻絕對不能鬧病。

晚上將近九點，全家吃喜酒還沒回來，我等得不耐煩，又覺得混身痠楚，就提前上床。或許是連日焦慮失眠，一旦心情放鬆就很快地進入夢鄉。

深夜裡，聽到悽悽切切的哭泣，由遠而近。

「是誰？」我摸黑問道。

「秋菊姐，我是春蘭！」

「為什麼要哭？」

「我已一無所有，我也不知何去何從，所以，實在活不下去了！」

「胡說，父母健在，為什麼說一無所有？」

「不瞞您說，我老爸猝逝，媽媽也跟著走了！」

「是什麼時候的事？」

「就在我出走不久！」

「那妳為什麼要出走？」

「留在家裡精神壓力太火，想皈依佛門也不得寧靜，現在，我向姐姐告別，從此與凡塵絕緣！」

我驚出一身冷汗，翻身爬起，媽咪竟站在床邊，直問我：

「怎麼了，怎麼了，是不是魘著了？」

我坐在床上嗚嗚咽咽地哭起來。

「妳倒底是怎麼了？」

我也說不出個所以然，只感覺心裡很難過，一直想哭。式資跑過來安慰我，我反而哭得更兇。過了好一陣子，我才說出，剛才做了一個不祥的夢。

「傻丫頭，夢兆都是相反的。」媽咪說：「妳若做了個美夢，才是凶兆呢！」

式資跟著說：

「日思夜夢，心理作用，不要那麼認真。」

「明天我要跟你一起去接春蘭回來！」

「不，妳應該做好心理建設，滿懷喜悅地迎接佳期。」

「春蘭一日不歸，我就一日難安。」

「好，我一定把她捉回來！」式資篤定說。

「好好睡吧，我的乖女兒！」媽咪給我蓋好被子先出去了。

式資把我當做小妹妹，柔聲細語地溫慰，直到我再度入睡。

次日一早，我精神抖擻地上了無線電計程車，跟著式資開往北烏路的青潭堰。當到達一座莊嚴的梵剎時，聽到剎內傳出沁人心肺的誦經聲，式資駐足向內張望，回頭說：

「恐怕這不是時候。」

「是啊，現在不便進去。」

「等誦經完了，妳先進去，向住持法師說明來意，並要求直接到春蘭的房間去會她，這樣她就來不及溜了。」

「那麼你呢？」

「我在迴廊外守望，以防她發現妳而從側門避開。」

兩人商定之後就依計行事。詎料她早有預感，竟先一步逃之夭夭。在她寄修的小小臥房裡，發現一張字條，上面寫到：

來者有情，去者有義，何須徒勞，春節現身。

我把紙條帶出來交給式資說：

「確是春蘭的筆跡沒錯，只是猜不透她為什麼要到春節才現身？」

「春節是二月十九，我們哪一天結婚？」

「十七嘛，怎麼還用問我？」

「她說春節現身，那表示要等我們洞房花燭夜過了之後再現身，整個局面就單純了。」

「真是用心良苦。」

「蘭心慧質當之無愧！」他的意思是春蘭不但長得很甜心腸也好。

在回程的路上，我問式資：

「假如她在我之前認識你，你們會不會一見鍾情？」

「不會。」式資解釋說：「她的個性爽朗，在初識的異性面前，缺少矜持的魅力。」

「假設現在排除我的存在呢？」

「假設的問題恕不作答！」這樣的回答，記憶中好像不是第一次。

我偎在式資臂窩裡，默默地回味著「恕不作答」那句老話，心裡不免有些發酵。雖然，我自認從不吃醋，其實那是違心之論。女人嘛習慣説反話，男人不都這麼説？

然而，有了春蘭的下落，畢竟是件可喜的事。適巧天公作美，連日天氣晴朗，暖若初春，式資和我選了幾處景點，一連拍了兩天的結婚沙龍照。累雖累，內心倒是充滿了喜悦和期待。

休息時，坐在植物園的蓮花池畔，扯著迎風招展的柳枝，仰望浮雲幽幽的藍天，幸福的憧憬又油然而生。

「式資，這會兒我的心情奇佳，好像即將擁有一切。」我望著坐於石凳上的他説。

「博士下嫁學士，多少有點委曲吧！」

「副總娶個副理級的妻子，我也替你不值！」

「扯平了，但願妳會永遠滿足。」

「我願永遠舉案齊眉。」

「我也願永遠相敬如賓！」

攝影助理走過來，要我們就地擺個「撲斯」，接著又易地拍攝好幾個鏡頭，直到日已西斜，方告賦歸。

好不容易俟到了佳期，但又覺得還是思慮不週、準備不全，尤其擔心李家二老和我那老爸，隨時都可能出現！

大舅似乎看得出來，就取笑地說：

「太興奮也是一種壓力，還是放輕鬆的好。」

「我姐現在最怕晴時多雲偶陣雨！」文傑突然冒出這句話，還真一語道破我此刻的心情。

媽咪聽了文傑的話卻斥道：

「你做弟弟，為什麼不說些祝福的話？偏偏烏鴉嘴亂呱呱！」

我趕緊說：

「媽，您別罵他，今天有文傑在，一切都會順遂。」

「是嗎，妳弟弟居然成了福星？」

一直很少說話的繼父也開了腔：

「妳媽總覺得文傑沒長大，其實，現在的文傑實在比當年的式資成熟多了。」

文傑受寵若驚，一時不知所指，只見他傻笑著溜了。媽咪噗嗤一聲：

「瞧見沒有？要攆一個人，最好的方法，就是誇得他臉紅。」媽咪轉身又說：「高人高招，就是不同凡響！」

媽咪這頂高帽子，繼父有點吃不消，也一語不發地走開了。

「媽，您是有意揶揄繼父的嗎？」我好奇地問。

「不，我只是驗證一下這方法靈不靈。」

「靈，靈極了！」母女兩個笑翻了天！

午後四時三十分，迎接新人的禮車已開到。通常都是從男方的家裡出發，新郎、男儐相和男方介紹人一起來迎娶。我和式資，婚前就住在一起，所以，禮車就從這裡開出，繞了一圈又回到原點。

我們分乘三輛轎車，在爆竹聲中緩緩駛向巷口，但司機又把車停了下來，我探首一看，原來姑姑和姑丈，帶著小表妹剛剛趕到。媽咪下車迎過去，打了招呼就請來車司機，跟在禮車的隊尾走。繞過大安森林公園，一路順風，每個路口都是綠燈。

到了GY的禮堂，長輩們巡視婚禮場地的佈置情形，我則直接來到新人化粧室。這時，方麗萍帶著男女儐相和花童進來，我一眼就看到那個瘦高個子，就是初次參加情人橋活動，坐在我和春蘭身旁的洪先生。我和他互相點頭笑笑，但沒有說話。四個可愛的花童則圍繞著我打轉，其中兩個小女孩，更是目不轉睛地注視著我。

方姐過來跟我說：

「急死人了，有一個女儐相到現在還沒來！」

「不能來了。」魯愚也跑過來：「剛才有電話打來，胡安妮腳踝扭傷，儐相當不成了！」

「不用急！」我說：「原計劃是兩組儐相，現在改成一男一女就成。」

「兩組儐相加上一對新人，正好是個吉祥數字。」方姐解釋說：「另有四個男女花童，合起來才是十全十美！」

「時間還早，我們不妨再物色一個。」魯愚說完了就逕自離開。

突然化粧室內外一陣騷動，文傑匆匆進來說：

「春蘭姐來了，她真的回來了！」

「在那兒？」我驚喜地問。

「在外面，我教收禮的小姐看著她！」

「傻瓜，為什麼不把她請到這裡來？」

「我請不動。」

「那就用拖的！」

「我怎麼能那麼魯莽？」

式資聞言，拍拍文傑的肩膀說：

「走，我同你去。」

他們剛出去，方麗萍就攙著春蘭進來了。

「菊姐，恭喜妳！」

「妳是單純地禮讚？」

「重點是在賀客名簿上留名。」

我見她容貌清癯，不禁疼惜地說：

「回來就好，先坐下喝口茶！」

方姐靈機一動說：

「正好，李小姐來的正好，三缺一正好補位！」

「補什麼位？」春蘭怯怯地問。

「儐相啊，女儐相缺一個。」

「我不成，蓬頭垢面怎麼可以？」

「來，我幫你打扮打扮。」姑姑拉著春蘭說：「化化粧，保證成為俏麗佳人！」

式資湊過來，彎著腰貼著我的耳鬢說：

「春蘭怕是生了病，面有菜色，會不會中途暈倒？」

「她帶髮修行，每天吃素，那是營養不良。」我說：「不會有問題的，你放心！」

「會不會又跑掉？」

「有文傑在外面把關，她插翅也飛不掉。」

「婚禮結束呢？」

「綁她回家！」

「如果真的能綁就好了。」

「叮囑文傑一點，再請方姐多留點神就成了。」

春蘭經過一番打扮，果如芙蓉出水，艷光照人。穿起儐相禮服，更覺儀態萬千，簡直要把我這新娘給比下去了！在場的人全都鼓掌讚美，春蘭不禁羞澀起來。

七點整，擴音器播出婚禮司儀的聲音。

「婚禮開始！

「男女儐相伴護新郎新娘步入禮堂！」婚禮進行曲隨之響起，儐相在側，花童前導，不知是誰在喊，「走慢點呀！」於是，我朝式資笑笑，緊挽著他的手臂，踩著音樂的旋律，緩緩前進。

在連串鞭炮聲中，司儀唱道：

「男女介紹人就位──，

「雙方主婚人就位──，

「證婚人就位──！」

一團團彩色紙花拋向半空，有如雪花般飄了下來，霎那間散落滿頭滿身。五彩繽紛的彩帶，也不斷從兩旁拋出，似乎有意把我們這對新人牢牢縛住。

我們的腳步停了，進行曲也適時而止，但在感覺上，好像走了很長很長的路。這時，我像置身夢境，只聽得司儀唱道：

「新郎新娘交換飾物。」我和式資轉身相對，把戒指交換套在彼此手指上。

「請介紹人致詞！」

男方介紹人魯愚方欲講話，全場突然一陣騷動。好像在我後面，發生了什麼事情，嘉賓們亂成一團！

我問春蘭説：

「什麼事？」

春蘭不及回答，就聽有人喊道：

「抗議、抗議！」

春蘭回頭一看，悶聲説：

「糟了，我老爸來了！」

「各位來賓請坐下。」台上的證婚人柴副總裁説：「沒有什麼，讓他表達意見好了！」

我偏過頭，看到一位身著戎裝的老將軍，坐在輪椅上，他搖動著寫著有抗議二字的小紙旗，表情嚴肅地嚷著，而推動輪椅的人，正是李媽媽。這突如其來的情況，不啻情天霹靂，震得我幾乎站立不住。等到稍微鎮定，內心直覺的感應是：好戲來了！

台上的繼父，跟證婚人耳語了幾句。只聽柴少東説：

「我知道是怎麼回事，讓我來處理好了！」

他問李伯伯：

「李將軍，您不是來觀禮嗎？」

「我……我要女兒，我要主婚！」

繼父又跟證婚人咬耳朵。柴少東說：

「您的女兒現在是女儐相，就在新娘的旁邊。」

李伯伯轉過僵硬的脖子，看到了低著頭的春蘭竟大叫道：

「妳要做新娘，否則，我就過不了明天！」他一激動，突然腦袋掉在胸口，近旁的賀客一片錯愕聲，春蘭顧不得形象，奔上前頻呼「爸爸」，李媽媽則驚慌失措地直喊救人。

輪椅在慌亂中轉了方向，我看到文傑滿頭大汗，又不知所措的跟著亂轉。賀客席中有人高喊：

「乾脆一起娶過來嘛！」

「好！」證婚人應聲宣佈說：「新郎前世註定要一箭雙鵰。所以，今天是兩性結合、三姓聯姻，最後是皆大歡喜！」

此語一出，背後立刻有人說：

「不用送醫啦，老將軍被喜訊驚醒了！」

李伯伯的輪椅上了主婚人席，口中喃喃自語，不知在說些什麼。

「介紹人致詞！」司儀使婚禮繼續下去。

魯愚跟證婚人咬咬耳朵，隨即致詞說：

「今天的婚禮別開生面，證婚人柴副總裁，非常技巧地成就了婚姻史上的一項傳奇。

「男方主婚人和新郎，是典型的儒家傳人，思想進步、作風中庸。而新娘和新新娘，也能胸懷新思維、兼容舊傳統。因此，今天的婚禮，必將是廣為流傳的佳話。」

來賓響起一陣掌聲，魯愚乘興又說：

「新郎三十二歲就當上副總，可謂出類拔萃。新娘頭頂博士光環，任職一年就升任部級副主管。新新娘一出道就被**FS**羅致，擔任電腦部門的程式設計師。

「兩位新娘同樣秀外慧中，精明能幹，希望新郎憐香不忘惜玉，左擁還要右抱。那麼，早生貴子也就不難成雙結隊了！」

來賓哄然爆聲，掌聲不絕於耳。

司儀請主婚人致詞，我那準公公和大舅都表示不想浪費時間。於是，司儀又禮貌地請李伯伯致詞。想不到李伯伯竟真的伸出顫抖的手，接過麥克風，以亢奮的聲調說：

「今天的婚禮，原想會非常熱鬧，不料證婚人發揮了調和鼎鼐的功力，因而改變了整個情勢，使我原先的狀況判斷和沙盤推演，全部都落了空。

「此刻西線無戰事，東床快婿不怕進不了洞房，證婚人三贏的策略是成功的，本人含飴弄孫有指望了！

「三民主義萬歲！中華民國萬歲！公理正義萬歲！」

李伯高舉著抗議小旗，連喊三句口號，全場震撼之餘，掌聲、笑聲夾雜著竊竊私議聲，現場氣氛就像看猴戲！我看不到式資的表情，但我眼皮一抬，就發現我那準公公和媽咪，都是一臉的茫然！

現在輪到證婚人致詞，柴少東說：

「新郎和兩位新娘的三角關係非比尋常，就我所知他們的婚姻觀和一般的婚姻觀沒有什麼不同，但由於上一代的恩義，演變成下一代的情愁，我要特別強調，此『愁』非彼『仇』，也就是秋心的『愁』。

「各位瞭解這一背景，就不會以世俗的眼光來看待這個三角姻緣。因此，對新人，特別是兩位新娘的家庭角色和職場形象，都不致產生負面作用。

「我在此還要特別讚揚劉氏父子的為人，男方主婚人劉仲毅教授是典型的君子儒，他的公子劉式資則是典型的孝子，在人格價值觀普遍模糊的今日社會，無疑是世人的最佳榜樣，兩位新娘應引以為榮。

「劉副總意外抱得兩位美人歸，將在職場傳為佳話，也可證明GT旗下的男士都是人中之龍。但，左右開弓又能左右逢源，那對新郎來說，不僅是技術問題，也是藝術問題了。請一起鼓掌為新人的幸福美滿而祝福！」

全體賓客熱烈鼓掌，歷時足有一分鐘。

「新郎新娘用印！」司儀唱著。

式資和我站在原位未動，自有儐相趨前代勞。可是憑空多了一個新娘，春蘭表情木然，其實也不曾準備私章，就是隨身帶了私章，又往那裡蓋呢？

我感覺到賓客們全都引頸企踵，要看這一變調樂章，怎樣畫下休止符。但台上的介紹人和台下的儐相似乎很有默契，都刻意模糊這一點，難得李伯伯也能保持緘默。於是，這一關就意外輕鬆地跨過了。緊接著向介紹人致謝，向……………。

「婚禮完成，新人送入洞房！」司儀最後這一唱，把全場的情緒帶入高潮，大家熱烈鼓掌，並以祝福的眼神，目送我們進入新人休息室。

春蘭懊惱地說：

「菊姐，我怎麼總是扮演攪局者，我根本就不該露面的！」

「別自責，這是命運的安排。」

春蘭未再說話，轉身兀自坐在沙發上，眼眶含淚欲滴。

「不能哭哦！」李媽媽趕緊走過去叮嚀說：「這是大喜的日子，幹嘛哭喪著臉子？」

我看式資站在遠處一臉茫然，相形之下我倒坦然多了。本來嘛，婚禮舉行過了，該來的已經來了，剩下的就是日子怎麼過。我看春蘭和我都會坦然面對，唯有式資的心情看似五味雜陳。

我換下了禮服，穿上一襲滾邊綴花的錦緞祺袍。儐相催著入席，春蘭卻一動也不動癱在那裡。我猜測她是沒衣服可換，就建議李媽媽留在休息室守著她。

式資和我來到首桌，先向證婚人敬酒，證婚人也向我們回敬，以示祝福。接著要向介紹人、主婚人與至親尊長，依次敬下去。大舅說，還是先到各桌去敬酒，自家人末了再敬。

我們在儐相陪同下，沿桌敬酒，繞了幾圈，喝了一肚子紅茶回到原位，證婚人柴少東已走，卻驚見我那老爸在座！他的突然到來，我真躭心又有好戲上演了，遂小心翼翼地喊了聲「爸爸」，他「嗯」了一聲，隨即面對公公（現在不好再加『準』字了）說：

「我是標準的膨風派，演的都是失敗的角色。現在，文芝還給你了，還賠上女兒，本利一次結清，夠意思吧？」

「女兒出嫁，是大喜的日子，別再儘翻舊帳。」姑丈一直保持緘默，這會兒見氣氛詭譎，趕緊出言化解說：「來來來，親家公、大哥，我們夫婦敬你們一杯！」

「好，乾就乾！」老爸一杯烈酒下肚面不改色，又自行斟滿一杯，走到李伯伯身邊大聲說：

「老將軍，我是粗人，請多包涵。自古道，一將成名萬古枯，了不起，來，我敬你一杯！」

李伯伯沒理睬，老爸深覺無趣，遂喃喃自語道：

「禮多人也怪，那麼，罰我三杯！」說罷，又自顧自連灌數杯。

公公和媽咪向各桌敬酒去了，首桌除了我們新人，就剩下大舅、姑丈和李伯伯，李媽媽則一直陪著春蘭，未再回到餐桌。因此，一道道大菜，上了又撤，很少有人動筷，且都看著老爸耍酒瘋、演獨角戲。

甜湯、水果上桌不久，方姐和魯愚走過來，說是到了送客的時候。於是，主婚人和我們新人都站在出口處，向魚貫離去的賓客致謝。

GN和FS的同仁，原想喜筵之後鬧鬧洞房，但李伯伯執意要和新人以及至親多留一會，同時把春蘭也叫了出來。當我老爸知道春蘭也是新娘時，突然搖搖晃晃站起來，指著公公的鼻子質問是怎麼事？公公見他濫醉如泥，就騙他說：「沒有這回事。」

「那好……否則……得……得還我女兒公道！」

「陳董，你住在旅館嗎？」大舅說：「我教文傑送你回去休息，他們新人也累了！」

「你叫文……文傑送我，難道我……我不會叫？他是我……我兒子呢！」

「來，我敬你最後一杯。」公公一臉無奈地說：「人家也要收拾場地了。」

「我知道，……可可是……我有話要……要說。」老爸抓著公公的領帶說：「從此……芋頭和蕃薯……一、一家親……高不高興？」

公公沒有反應，但表情很凝重。

「來、來……再乾這一杯。」其實，酒已喝光，老爸端的是一杯茶水：「你、你不喝，不喝……就、就是王八！」

公公面紅耳赤，但還是沒有動怒。

「好，叫你王八也……也不喝，那就……那就王八蛋，看你……看你喝……不喝？」姑媽實在看不過去了，便叫文傑把老爸揹出去。文傑上前架著老爸向外走，老爸回頭結結巴巴說：

「我……我輸掉幸、幸福，……得、得到……尊嚴，文傑幫我打……打敗了篡權奪……奪廠的陰、陰謀……」走了幾步又說：「我以……我以文、文傑為榮！」

我和式資走過去，護持著送進電梯，只聽他在啓動的電梯裡大哭起來。

我站在電梯門前心痛如絞，若不是有所忌諱，也會放聲痛哭一場！

待心緒稍稍平復，只見有兩個壯漢，由上升的電梯衝出，從式資身旁擦身而過，匆匆進入禮堂。不旋踵，擁著坐在輪椅中的李伯伯昂揚而出，那方抗議的小旗子，依然插在輪椅上。我們迎了上去，他突然亮出四張火車票說：

「秋菊，向妳說聲對不起，明天在高雄為春蘭出嫁舉行婚宴，後天就讓式資和春蘭一起回來。」

「這算什麼！」式資終於表現了男子漢的氣概，他大聲抗議說：「我像棋子，任憑您擺佈嗎？」

「式資，為李媽媽再走一趟，以後完全聽你的好不好？」李媽媽說完了朝式資直眨眼。

春蘭自背後閃出來，撲通一聲跪在地上，朝式資和我連磕三個響頭，含著眼淚懇求說：

「我爸已經下了喜帖，這面子非給不可，請和過去一樣相信我，今後我自有自處之道。如果……」

李媽媽情急之下，一把摀住春蘭的嘴說：

「不准發重誓，今後多尊重式資和秋菊就是了！」

我噙著眼淚對式資說：

「再救春蘭一次吧！」我靠近式資附耳說：「親愛的，今夜多珍重！」

式資木然不動，在我身後的大舅對公公說：

「人家真是有備而來，一幕幕照著劇本演出，你們父子竟被玩弄於股掌之間！」

「別這麼說！」公公大概深怕李伯伯聽到，所以，做個否定的手勢。

「那就好人做到底吧！」大舅對式資說：「別猶豫了，再猶豫恐怕你爸爸也要給你下跪了！」

我向媽咪使了個眼神，媽咪會意，就跟我走進了另一部剛上來的電梯，急速下樓。

回到家，見屋內燈光通明，花籃裡的鮮花，香氣撲鼻，我猜是文傑回來了。通過客廳，近新房而情怯，誰能想像洞房花燭夜，新娘孤枕獨眠的況味？這情境是多麼詭異、何等難堪，又豈只無奈而已。

式資雖然表示不滿，但他更有權拒絕。愛情本即不能分割，結婚又豈容別人支配？而我那公公，在關鍵時刻，竟不能嚴正表態，實在令人失望。好人做到這種程度，我真懷疑是不是近乎鄉愿？

坐在床邊的我，一時愁腸百結，竟忘了媽咪的存在。

「小菊，妳又灑淚了。」媽咪以棉紙輕拭我的面頰說：「還是別哭的好！」

「我不想哭，……」雖然這麼說，可是，卻不由得撲簌簌淚滴沿頰而下。

「要哭就大哭一場吧，只是，新娘子哭腫了眼睛，是最沒面子的事。」

媽咪這話可真靈，淚水突然止住了，也不想再哭了。

「凡是妳珍惜的東西，別人就會覬覦，假如式資是個泛泛之輩，就沒人跟你競爭，是不是？」

「您是說，春蘭也是個有心機的人？」

「春蘭很善良，她不會存心和妳爭，但她父母知道春蘭想要的是什麼。」

「説來説去，還是想要式資！」

「不，她夢裡有另一個式資出現！」

「那怎麼可能！」

「因此，她才一味逃避。」媽咪輕歎一聲：「這才是問題的癥結。」

「這點兒，我早就知道。可是，李伯伯這種見者有份的心態，也未免太自私了吧。

女儐相林小姐告訴我，他打著小旗衝進禮堂，還一路咕噥著說，『出其不意，攻其無備』，連兵法都用了，真是可怕！」

媽咪又歎氣說：

「李伯伯想抱孫子都想瘋了，而且，自知不久人世，對女兒的終身大事，更有急迫感，如從這個角度看，妳公公和式資……唉……！」

記得媽咪曾說，自古好事多磨。又說，美好的人生，就是不刻意求全。何況，我比媽咪要幸運得多。想到這裡，又回憶春蘭下跪的一幕，不禁心疼起來，同時也開朗許多。

「媽，您是不是覺得女兒的心太窄？」

「有容乃大，能不能豁然開朗，只在一念之間！」

我站起來，下意識地在鏡子裡照照，看看自己的面目是否可憎。「嗯，還好！」

我自我安慰著又朝媽咪靦腆一笑。

但不知怎的，心裡又有一種衝向原野大地的衝動。因之站起來又猶豫地坐下來，摸摸枕頭，又理理床單，媽咪幫我換上輕柔的睡衣，我卻睡意全無。來到客廳奔向陽台，仰望冷夜星空，心頭有著說不出的悵惘。

媽咪跟了出來，為我披上大衣。

「看，這是證婚人送你們蜜月旅行的支票！」

我雙手震顫接過一個印有「囍」字的紅包說：

「什麼時候，好像遙不可及！」

「傻孩子，後天這個時候，妳的夢就會圓了。」

「是嗎？」我擁抱著媽咪，不禁又落下幾滴清淚。

# 第十五章　峰廻路轉柳暗花明

次晨四時從夢中醒來，走出房間，驚詫媽咪坐在客廳。我問媽咪說：

「媽，您怎麼這麼早就起床？」

「妳呢？還不是一樣。」媽咪說：「我兩點左右醒來，就無法再睡，這會兒過來，是看看妳睡得怎樣？」

「如果我一直沒離房間，您就在客廳一直坐下去？」我問道。

「不，小鳥晨唱時，我會去公園走走。」

「和公公一起去？」

「他睡得很遲，我希望他多睡會兒。」

「那，一會兒我陪您去好嗎？」我知道媽咪要說什麼，就立即補充說：「反正我也睡不著，難得母女一起去，看看早晨的園景！」

母女漱洗既畢，就來到對面的大安公園，一進園門就看到一組中老年人，正在那裡作健身操。媽咪說：

「妳們三個年輕人，大概從沒早晨到這裡活動、活動？」

「我和式資倒是常來，不過，除了假日，幾乎都是晚上。」

「大凡已擁有的，就不知珍惜。那些不住在公園附近的人，倒會開車子來運動。」

「我認為這公園的規劃設計也有問題，園區雖廣，但活動空間很小。」

「妳公公說，這是個有主題的公園，人稱『水泥叢林之肺』」

「但是，要達到曲徑幽谷、古木參天的境界絕無可能。基本上是先天不足嘛。」

「妳說的不無道理。」

「還有呢，」我進一步批評說：「現在的官場文化，只懂得花錢，不知道生財。」

「難道政府機關，也要學習做生意賺錢？」

「其實懂得養雞哲學就夠了！」

「養什麼雞？」

「當然是生蛋的雞啦！」

「哦，說白了就是不要老花納稅人的錢，也得生財有道，是吧？」

「對、對、對！」

「公園也不能賣門票，那能生財？」

「試想，光是多建兩層地下室，提供商界經營大型遊樂場和量販超市，租金收入就很可觀。事實上，這麼大的土地，只有散步、乘涼的經濟效益，豈不是一大浪費？」

媽咪沉默片刻問道：

「這一見解，是妳的思維嗎？」

「不，是式資的！」我說：「他還對鐵路局、公路局，不知生財有道，大加撻伐呢！」

「怪不得柴少東說他擁有金頭腦。」

「他有個綽號，您可能不知道？」

「什麼綽號？」

「點子劉！」

「這綽號聽起來不雅。」

「另有個柴少東封的雅號叫『智多星』，不過這個雅號不怎麼出名。」

媽咪面露微笑又輕輕搖頭。我猜，那表示對這個寶貝女婿是既滿意又欣賞。但，我明明猜得準，卻還是要問：

「媽，您搖頭代表什麼？」

「代表不可思議，不……」

「媽，沒關係，這成語引用不當，但意思我懂了。」

「早知道就該教式資給鐵路局出個點子，就不致一年虧蝕九十多億了！」

「他曾對我說，他認為鐵路南北三個大站，也以合建、合營的方式，把車站上方，蓋成鐵路觀光飯店，凡是搭乘火車的旅客，可持票根享受打折的優待。」

「那樣以來，鐵路不就轉虧為盈了？」

「不但會盈，而且會肥得很呢！」

「公路局也可採用這個思考模式嗎？」

「當然可以，只要肯用心，養雞哲學放諸四海而皆準！」

媽咪又微笑頷首，這回她似乎覺得式資真的了不起。但，我的情緒卻突然滑落，拉著媽咪佯裝慢跑，急速奔回家來。

媽咪見女兒突發神經，直問怎麼啦？

我歇斯地里的哭起來。媽咪抱著直搖：

「怎麼啦，倒底怎麼啦？」

「洞房花燭夜，新……新娘不是我！」

「傻瓜，妳是明媒正娶，春蘭只不過是個偏房。」

「可是，正娶的初夜……」

「好孩子，妳做了一件功德無量的善事，應該自豪才對！」

「善事？」

「是啊，為妳公公報恩，為妳爸爸積德，更幫春蘭盡了孝道，那是仁至義盡了！」

「原來如此！」我破涕為笑，羞慚地說：「只是職場的嘲諷最難面對，我乾脆把工作辭了罷！」

「勇敢地面對世俗的眼光，終會贏得讚美。」

媽咪用面紙為我拭淚，我自慚像個讀幼稚園的孩子，對剛才的失態深感羞愧。

媽咪看看手錶，已是六點三十分。

「妳公公應該正在看電視新聞，我們準備早點吧！」

「式資怎麼也不來個電話？」

「傻孩子，要來也不會這麼早。」

早餐後，公公沒有到六A來，我把報紙送去，公公說：

「委曲妳了秋菊！」

「爸，委曲以求全蠻好的，何況從此以後，我們兩個家，又重新建立起來了。」

公公笑了，媽咪樂得掩口竊喜，顯然我的話使二老感到無上的安慰。

過了中午，式資依然沒來電話，我的情緒又開始起伏起來。接近下午三時，讀書會的朱會長前來探視，並表達會友們的關切，我倆促膝長談了足足兩小時，臨去她安慰說：

「妳若是心甘情願，大家就會為妳祝福。否則，會友們會為妳打抱不平。妳該知道，我們會中有幾個會友，是專攻法律的，必要時一定會幫上忙！」

「我們之間只有妥協，不會訴諸法律。」我牽著她的手送往電梯說：「希望妳也早日紅鸞星動，擺脫單身貴族。」

「我若知道妳不排斥三人行，說不定也要插上一腳。」她詼諧地說：「黛安娜說，三人行太擠了點，實在是小家子氣。」

「……………」

朱會長見我笑而不答，連忙又說：

「對不起，我說錯了話。」她解釋說：「我的本意是逗妳開心，想不到弄巧成拙！」

電梯門開了，我剛要和朱會長揮手道別，媽咪從玄關過來喊道：

「小菊，快接電話！」

我三步當作兩步地跑回客廳，拿起電話聽筒卻傳來文傑的聲音。

「怎麼會是你？」我詫異地說：「你不是回彰化了嗎，怎麼這會兒也在高雄？」

「我原來想護送李伯伯一程，到彰化就下車，沒想到李伯伯和我越談越投機，……

……………。」

「於是，乾脆送到家！」

「不是這樣。」

「那是怎樣，難道是人家把你綁了去？」

「不跟妳說了！」

接著是式資的聲音：

「秋菊，真抱歉，才打電話回來。」他解釋說：「我們才從法院公證處回來。」

「嘆，又去法院公證？………」

「別誤會，我是去觀禮的。」

「越説我越糊塗，難道又遇上同窗好友辦喜事？」

「好了，別插嘴，我只要妳好好聽著，即刻打點行囊，今夜趕來高雄，明天中午我們去紐西蘭度婚假！」

「真的嗎？」我高興得心口直跳，但還是佯作嗔怪地説：「為什麼去紐西蘭，既要變更行程，也應早些時打個商量？」

「反正已經做了決定，機票也訂了，要埋怨就等度假回來吧！」

我那裡還敢埋怨，心想：如果凡事太計較，説不定剩下一半的福份也保不住了。公公聽了我們的對話，認為事有蹊蹺，要媽咪也作準備，跟我一道去高雄。

臨出門和大舅通了電話，大舅祝我蜜月旅行平安愉快，他大概這兩天就回天津，希望我們再有較長的假期，到天津和北京去逛逛。掛了電話，我去春蘭房裡看看。媽咪問：

「妳到春蘭房裡去找什麼？」

「既然要出國旅遊，春蘭也要帶幾件衣服。」我邊説邊撥弄，從衣櫥裡選出兩套夏季的套裝。

「妳有沒有搞錯，女兒？這還是冬天呢！」

「沒錯，去紐西蘭就要帶夏裝。我撇著嘴對媽咪說：「媽，您才沒搞清楚，南半球，這會兒正熱著呢！」

「哦，是我太土，從沒出過遠門。」

我把春蘭的衣服折疊成長方塊，正想找個袋子裝起來，霍然發現書櫥旁的地板上，有個藍色的袋子，裡面放著一扎扎的情書，而且，信封全是一色一式。

由於好奇心的驅使，不由得信手取出一扎，驚見發信地址竟是彰化我家，而筆跡正是文傑的！

「妳在看什麼？」媽咪問道。

「春蘭的信。」

「怎麼偷看人家的信？」

「文傑寫的！」

「什麼？」媽咪驚奇地說：「給我看看！」

媽咪接過一扎。我說：

「每扎二十封，春蘭都用橡皮筋綑得好好的，證明她蠻珍惜這些情書。」

「怪不得妳也不知道。」媽咪指著信扎的一角說：「妳看，信都是寄到妳們公司的。」

「我看到了。」我把媽咪手上的信扎，收回來又放回袋子，說：「如果是我，早就丟進碎紙機裡去了。」

「嗯，看起來妳比春蘭絕情得多！」

「她不絕情，就該接受文傑的追求才對。」

「把情書留做紀念，也沒什麼不好。」

「這種心態，就是把別人踩在腳下，以滿足自己的高傲！」

「春蘭應該不是那種人。」

我沒再說什麼。回到自己房裡，把隨身要攜帶的衣物、化粧品裝滿一隻旅行箱。

媽咪去了六B又回來，大聲說：

「準備好了，你公公連車票都訂妥了！」

「幾點的車？」

「我沒問，他只說七點以前動身。」

「那大概是晚上八點左右的那班自強號。」

「妳打個電話通知式資，要他和文傑去車站接我們。」

「李家的電話號碼……？」

「噢，還要看記事簿子，乾脆我去六B打吧！」

很久沒有夜間搭車，在月台上就出了洋相。我帶頭上了車，但又覺得車箱不像自強號，幸好立即請教一位男士，方知那是臺北到板橋的區間車。我立刻又帶領二老下車，正徬徨間，看到許多男女，正從電扶梯下來，我厚著臉皮，趕緊趨前請教一位女乘客，南下高雄的自強號在那個月台？她說，就是這個月台，列車尚未進站。

我連連稱謝，並且望著媽咪打個手語，表示稍後這班車準沒錯。

一路上欣賞夜景又小睡片刻，過了臺中我對媽咪說：

「彰化快到了，真有回家的衝動！」

「妳好久沒回彰化，恐怕老鄰居都不認得妳了！」

「會嗎？」

「一定會，彰化市街也完全改了樣。」

「喔，我從美國回來，一進臺北就摸不清方向，幾年功夫，臺北由樸實變為浮華，好不習慣。」

「現在真要妳住在僻靜的小城，恐怕妳也不習慣。」

「人隨著社會脈動調整心態，才是適者啊！」

「敢情妳成了劉家的媳婦還不到兩天，就學著跩文，該不會是受了公公的薰陶吧？」

「雖然還沒受到薰陶，但書香門風能不風行草偃才怪哩！」

坐在對面的公公瞇著眼，嘴角透著一絲絲得意的微笑。

「小菊，妳拍中了公公的馬屁！」

「是嗎？」我對著媽咪的耳鬢說：「他笑我們母女，就像姊妹花在瞎掰，……」

話猶未了，公公忽然張開眼、探過身子說：

「秋菊，這回妳的表現夠藝術，拍得妳媽心花怒放，猶不自覺呢！」

我們母女都忍俊不住嗤嗤地笑了，公公身旁的那位中年女士也掩口竊笑，眉眼間還透著羨慕的神采。

過了彰化，公公開始打盹，只見他身子慢慢倒向車窗，媽咪惟恐公公的額頭碰上玻璃，遂伸出雙手將他扶正。不料他又倒向鄰座，害得鄰座的那位女士直躲。媽咪睹狀乾脆叫道：

「到了，到了！」

公公猛然醒來，問道：

「到了，到了高雄嗎？」

「不，到了臺南。」媽咪說：「你要不要看看臺南，這個你剛來臺灣住過的地方？」

「唉，我過去常來這裡講課，妳又不是不知道。」

我忽然想起來了，我那故去的婆婆，娘家就在臺南。於是，對媽咪耳語說：

「別老提臺南，這會勾起我公公的懷思。」

「那也沒有什麼不好。」媽咪不以為然地說：「如果有了新人忘舊人，那還值得尊敬嗎？」

媽咪說的對，我覺得媽咪的內心世界比我開闊多了，我自歎弗如，並暗自慚愧。

公公翻了翻晚報，大概覺得火車行進中閱讀很吃力，就索興把報紙塞進靠背椅後的綱兜。

「妳們母女一大早跑出去幹什麼？」公公試著找個新話題。

「到對面森林公園。」媽咪回答說。

「慢跑還是散步？」

「聊天！」

「一大早去公園聊天，真是新聞。」公公問道：「聊些什麼？」

「談論式資！」

「嗯，罵罵解恨。」

「您錯了，我跟媽咪研究式資的養雞哲學。」

「養雞哲學要在公園談？」

「是啊！如果市府懂得養雞哲學，就能做到以園養園。」

「原來是批評公園的規劃不當。」

「是的！」我回答說：「不僅未能融入企業觀念，造景也有可議之處。」

「難道沒有值得稱賞的地方？」

「想不出。」

「這就有失厚道，也會使闢園的人傷心！」

「……………？」我眨著眼，茫然不知所指。

「妳們知道不，當初市府拆除公園預定地上的違建戶和說服軍眷戶遷村，曾遭多少阻力？如果主政者欠缺魄力，恐怕到現在還連影子也沒哪！」

「其實，這過程的艱辛，新聞界也有報導。」媽咪說。

「是咯，這表示妳們知道，但卻只貶不褒，豈只有失厚道，也有欠公平。」

「有那麼嚴重嗎，老夫子？」媽咪覺得公公太認真了。

「我們對人對事都要我心如秤。切不可褒之欲其仙；貶之欲其死。」

「沒有那麼嚴重啦！」媽咪辯解說：「我們只是討論一個觀念問題，並沒有公開指摘誰！」

「公公是有感而發。」我面向媽咪說：「現代社會的確欠缺允執厥中的中道精神。」

「哈，秋菊說對了，如果中庸之道能夠發揚，這個社會就沒有暴戾之氣，也沒有偏執狂了。」

「想不到在火車上上了一課。」媽咪以詼諧的語氣對我說：「以後要多留意，妳公公最最擅長機會教育呢！」

「所以，我嫁到劉家，不能求全，一半也好！」

「秋菊的口才越來越了得。」公公開心的笑了。

「秋菊送您這頂帽子，二哥大概滿意得不得了，想摘也難。」二哥，是媽咪自小對公公的稱呼。

公公顧左右而言他，但嘴都樂歪了，再想掩飾已來不及了。

「嗚——嗚——」火車氣笛大鳴，不用說這回高雄真的到了！

火車一進站，我就東張西望，希望式資能即刻出現。但月台上進出的乘客太多，即使他能到月台來迎接，恐怕也不易見到。媽咪看我像鄉巴佬似的摸不清方向，就牽著我的手跟著人群走。到了出口，終於看到式資和文傑，離收票出口不遠在招手，我的心就如小鹿插翅般的飛了過去！

式資接過我的旅行衣箱，然後一同擁著二老出站。隨即分搭兩輛計程車，文傑和二老的車在前，我和式資的車緊跟在後。車行數分鐘就又停下來，我正感到納悶，式資則說「到了」，並立即付給司機車資。原來，我們不是趕往住在郊區的李府，而是來到預先訂房的觀光飯店！

客房訂了兩間，我和式資進了房門貼有「囍」的一間。這間房的傢俱相當典雅，梳粧台上放著一束鮮花，床面加鋪一張粉紅色床罩。敞著的衣櫥，裡面掛了兩套錦緞睡衣。

我心裡想，昨天洞房花燭夜，新娘不是我。式資信誓旦旦的初夜權，我竟成了第二輪。而且，還是在這飯店的客房，真鮮！

我們到隔壁房間小坐，文傑說要到李家睡，明天陪李家二老一起來。

文傑剛走，公公忍不住說了話：

「看到沒有，文傑居然在李家作客，是不是透著蹊蹺？」

「老夫子，你太敏感了吧！」媽咪說：「李家房間多，一個人幹嘛要住飯店？」

「依常理，文傑護送任務完了，不是早該回彰化了嗎？」

媽媽覺得公公的話有道理，就問式資說：

「你有答案嗎式資？」

「我猜他大概還有心願未了。」

「你們倆去睡吧！」公公說：「謎底明天就會揭曉！」

我和式資行禮告退。回到我們的客房，式資把鮮花拿來獻我，並且，在我面頰上吻了一下說：

「親愛的，我說不會辜負妳，就絕對一言九鼎，現在妳可相信我了。」

「相信什麼？」我心裡說，我已不計較那麼多了，你幹嘛還騙我。

「老實告訴妳。」式資把花束拿開，緊緊地摟著我說：「昨夜妳獨眠，我嘛也是！」

「你也……？」

「是啊，洞房花燭夜，新郎不是我。」

「不是你難道會是文傑？」

「哈，猜得真準，正是他！」

「怎麼可能！」我詫異地問：「到底怎麼回事？」

「文傑真有一手。」式資拉我到床邊坐下說：「在南下的火車上，文傑不但對李伯伯大獻慇懃，而且，也展現了他少見的機智。」

「急死人了，直接一點不好嗎？」

「李伯伯對文傑越看越順眼，就脫口而出的說，如果有你這麼個乾兒子也不賴！妳猜文傑怎麼回答？」

「猜不出。」

「文傑靠到李伯伯耳邊大聲說，女婿是半子，要抱孫還是半子靠得住！」

「李伯伯呢，怎麼回應？」

「李伯伯會意，眼睛轉了幾下，看著春蘭說，這小子深得我心，妳聽到沒有？」

「春蘭呢？」我急切地問。

「春蘭低頭不語，李媽媽跟女兒說，妳老爸的意思很明顯，現在就等著妳點頭。女兒，這才是圓滿的結局啊！

式資或許見我神情緊繃，走過來，捧著我的兩腮說：「別緊張，春蘭終於點了頭，於是文傑就在車箱中，當眾吻了春蘭。這一吻定了乾坤，也扭轉了整個局面！」

「嘆，這麼說你在電話中告訴我，昨天曾去法院觀禮，那公證結婚的新人，就是文傑和春蘭咯？」

「是啊，一點不錯！」

我喜出望外，不禁激動的緊握雙拳，在式資胸脯亂捶，並且嚷著說：

「壞死了，你不早說！」

「是李伯伯不許早說，要在明天送機時，給大家一個驚喜。」

「我爸知道嗎？」

「知道，他是男方主婚人，怎能不到場？」

我有立即稟報公公和媽咪的衝動，式資則阻止著我說：

「別破壞了氣氛，快去洗澡吧！」式資催促說：「若再推遲我會對初夜權，完全失掉興趣。」

不用說，這一夜夠多甜多美。雖然好事多磨，但我還是要感謝命運！

良夜苦短，有勞媽咪前來敲門，我們才應聲而起，看看手錶已是早晨九點！我問式資說：

「確定要去紐西蘭嗎？」

「喔，經香港、馬尼拉，然後直飛安格拉。」

「幾點起飛？」

「下午一點登機，一點二十分起飛。」

「機票沒有預訂，怎麼那麼方便？」

「事有湊巧，李伯伯的老部下，一家四口，原計劃今天去紐西蘭作移民之旅。聽李伯伯打電話查詢有無機位，就主動表示願把機會讓給我們，他們遲幾天再去。」

「真是一順百順。」說著我偎在他懷裡，又是一陣熱吻，直到媽咪二度叩門，我倆才趕緊漱洗更衣。

近十時，文傑和春蘭滿面春風地擁著李伯伯和李媽媽來到飯店。李伯伯一見公公就滾動輪椅，直趨公公面前熱情地握手，說：

「不想做親家都不行，老弟，我這話只有你懂。」

「諸葛亮也有失算的時候。」公公笑著說：「我料想會是峰迴路轉，但惟恐不中，現在經您證實，果然柳暗花明。」

「讓李大嫂告訴妳吧！」公公丟個眼神給李媽媽。

「您跟李大哥打的什麼啞謎？」媽咪一臉問號。

李媽媽說：

「奇怪，式資不是昨天就稟告你們了？」

「沒有哇，式資什麼也沒說。」

「噢，式資真守信！」

我沉不住氣，大聲責怪文傑說：

「文傑，你瞞著爸媽『送作堆』，還不磕頭請罪！」

文傑一聽真的慌了，春蘭過去拉著文傑，撲通一聲跪在公公和媽咪面前同聲說：

「事前來不及稟告，當面請罪！」

公公和媽咪將文傑、春蘭分別拉起來。公公說：

「你們做了正確的抉擇，成己成人，不但沒罪，三家六口都以你二人為榮！」

「不對！」文傑說：「您漏了我的生父，應該是三家七口才對！」

「你爸爸昨天有到場觀禮？」

「不，到場主婚。」李媽媽代答。

「哦，功德圓滿，這真是個圓滿的結局。」公公眼神一閃說：「我代表四位尊親，為你們祝福，願你們永結同心，百年好合！」

我和式資也很有默契地鼓掌，以示祝賀。

接近中午，我們老少八口，到一樓用了午餐，隨即驅車趕去機場。在登機前十分鐘，我老爸突然出現，他神采奕奕，一掃往日的晦氣，除向我們兩對新人祝福，並和公公有說有笑。

當我們要登機時，五位老人家向我們大聲叮嚀，李伯伯更出人意表地站了起來！他拉著公公和老爸地手，一再振臂高呼：

「團結、團結就是力量，團結就是力量！……………」

到了登機門時，我和春蘭回頭，也不斷擺手，眼眶裡噙著無限感激的淚水！